아담은 단순히 교수 모델인가
최초의 역사적 인물인가?

아담의 창조

dam in the New Testament
J. P Versteeg

J. P. 베르스티그 지음 | 리차드 개핀 영역

우 성 훈 옮김

개혁주의신학사

Presbyterian and Reformed Publishing

P&R(Presbyterian and Reformed Publishing Company)은
미국 뉴저지 주에 소재한 기독교 출판사로서
웨스트민스터 신앙고백서와 요리문답에 기초하여
성경적인 이해와 경건한 삶을 증진시키는
탁월한 도서들을 출판하고 있습니다.
P&R Korea(개혁주의신학사)는
CLC가 공동으로 운영하는 출판사로서
미국 P&R의 도서를 우선적으로 번역출판하고 있습니다.

Adam in the New Testament

Mere Teaching Model or First Historical Man?

Written by
J. P. Versteeg

Translated by
Sung-Hoon Woo

Copyright © 1977, 2012 by J. P. Versteeg
Originally published in English under the title as
Adam in the New Testament:
Mere Teaching Model or First Historical Man?
by P&R Publishing Company
Translated and used by the permission of
P&R Publishing Company, P. O. Box 817, Phillipsburg,
New Jersey 08865-0817, U.S.A

All rights reserved

Korean Edition
Copyright © 2013 by Presbyterian and Reformed Publishing Company
Seoul, Korea

추천사

정승원 박사

총신대학교신대원 조직신학 교수

베르스티그 교수의 『아담의 창조』(*Adam in the New Testament*)라는 책은 아직 한국 교회에서는 절실하게 필요한 책이 아닌지도 모른다. 그러나 신실한 한국 교회 성도들로 하여금 앞으로 붉어질 수 있는 신학적 논쟁에 대비하도록 하는 예언자적 책이 될 것이 분명하다.

이 책은 미국 자유주의 진영만 아니라 복음주의 진영에서도 이미 붉어진 아담의 역사성 논란에 당황하여 급하게 번역 출판된 책이기도 하다. 한편 슬슬 한국 극소수의 복음주의 진영의 학자들이 문제 삼으려고 내놓는 이슈가 아담의 역사성이다. 이러한 학자들과 추종자들을 반박하기 위해서만 아니라 성경의 모든 기록을 역사적으로 믿는 보수 신앙을 지키기 위해서 이 책은 반드시 읽혀져야 한다.

창세기 외에 아담을 언급하는 책은 66권 중 로마서 고린도전서를 비롯해서 모두 6권이다. 성경의 66권의 책들은 단지 저자들이 단편적으로 본인의 신학적 견해를 작성한 책이 아니라 하나님의 구속사에 따른 통시적 유기성으로 일관된 하나님의 계시이다. 그러므로 아담이 역사적 인물이 아니라면 아담이 역사적 인물이라는 전제하에 쓰인 창세기와 그 외 6권의 권위와 신빙성은 즉시 상실한다.

이뿐만 아니라 하나님의 존재 유무도 인간 이성과 역사적 관찰에 근거하여 재조명이 될 것이다. 하나님이 자신의 계시의 말씀에도 주권이 결여되어 있다면 그 하나님은 더 이상 하나님이 아니게 된다. 베르스티그 교수는 역사적 아담의 의미와 중요성을 역사적이고 구원론적인 차원에서 명쾌하고 신실하게 이 책에서 기술하고 있다. 이 책을 통하여 다시금 아담으로 인한 인간의 보편적 죄성과 둘째 사람이며 마지막 아담이신 그리스도의 대속과 회복의 중요성을 깨닫게 될 것이다.

추 천 사

이강택 박사

국제신학대학원대학교 신약학 교수

　현대과학의 진화론적 설명(즉 인류는 한 사람으로부터 기원했을 수 없다는 것)을 옳은 것으로 전제해놓고 논의를 전개해 나가는 것이 최근의 성경과 과학 사이의 논의에 있어서 하나의 유행이 된 것 같다.

　이러한 유행을 따르는 학자들에 따르면 창세기에 나오는 아담의 이야기는 인류의 기원을 다루려는 것이 아니라 고대인들의 신학적 이야기를 다루는 것이므로 아담과 하와를 반드시 최초의 인류로 상정할 필요도 없고 그들로 부터 모든 인류가 나왔다는 것을 인정할 필요도 없게 된다. 창세기의 아담 이야기와 바울의 아담 이야기는 분명히 신학적 이야기이다. 그러나 '아담의 이야기가 신학적 이야기라고 하는 것이 반드시 인류 최초의 인간으로서 아담의 역사성을 부정해야하는 것인가?' 라는 질문은 여전히 남는다. 이 책은 이 질문에 대해서 역사성을 인정해야한다는 주장을 펼치는 보수진영의 논점 가운데 하나를 잘 담아내고 있다. 책이 처음 출판된 지 30년이 넘었지만 여전히 유효한 논쟁점을 가지고 있다.

추천사

그레고리 K. 빌(Gregory K. Beale) 박사
웨스트민스터신학교 성서신학 교수

이 책은 바울이 묘사한 아담과 그리스도(마지막 아담) 사이의 유사성이 성립하기 위해서는 그리스도를 역사적 인물로 보고 첫째 아담 역시 실제 역사적 인물로 봐야 함을 증명한 뛰어난 서적이다. 이 책은 첫째 아담이 역사적 인물이 아니라고 결론 내릴 경우 마지막 아담이신 그리스도 역시 역사적 인물이 아니라고 결론 내려야 한다는 주장을 설득력 있게 전개한다(후자는 극소수의 신앙 없는 학자들이나 견지할만한 입장이다).

이 책은 신약성경에서 바울 서신 이외에 아담을 언급하는 구절을 논의하며 첫째 아담의 역사성에 관해 믿을만한 결론에 이른다. 아담-그리스도 주제 이외의 쟁점에 관해서는 이견이 있을 수도 있으나 아담과 그리스도에 관한 결론은 타당하고, 냉철하며, 신빙성 있다.

C. 존 콜린스(C. John Collins) 박사
커버넌트신학교 구약학 교수

이렇게 유용한 책이 다시 발행된 것은 매우 감사한 일이다. 이 책이 지닌 여러 장점 중 두 가지만 언급하고자 한다.

첫째, 베르스티그는 로마서와 고린도전서에 나타나는 바울의 주장이 역사적인 순서에 의존한다고 강조한다. 아담의 행동으로 어떤 일이 발생했으며 예수님이 오셔서 그 모든 일의 결과를 처리하셨다. 이 과정에서 아담과 예수님은 대표자로서 행동했다.

둘째, 아담에 대한 우리의 시각은 죄에 대한 시각과 밀접한 관련이 있다. 죄가 하나님의 선한 세계에 침범했는가?(전통적 입장) 혹은 피조 세계의 필연적 부분인가?(역사적 아담 거부). 이 책을 읽다보면 누구나 아담에 관한 현대 논의가 여전히 같은 길을 가고 있다는 사실을 인식하게 될 것이다.

존 M. 프레임(John M. Frame) 박사
리폼드신학교 조직신학 및 철학 교수

아담의 역사성이나 이것이 우리의 원죄에 대해 지니는 중요성을 부인하는 일은 단순히 과학과 구약성경의 문제는 아니다. 로마서 5장과 같은 신약성경은 아담을 중요한 신학적 맥락에서 다루고 있기 때문이다. 사도 바울이 볼 때 우리의 죄는 아담에서 시작하며 우리의 구속은 그리스도 안에서 시작된다. 신학자들은 이러한 가르침을 아담이 신화나 전설이라고 말함으로써 회피할 수 없다. 그들은 바울의 구원론에서 아담의 역할을 설명해야만 한다. 그래서 퀴테르트(H. M. Kuitert) 등의 학자들은 아담이 신약성경에서 '교수 모델'(teaching model)이라는 주장을 발전시켰다.

베르스티그의 간결한 저술은 이러한 시각이 왜 불가능한지 말해준다. 이 책은 1979년에 처음 출판되었을 때와 마찬가지로 지금도 역시 유용하다. 최근에 일부 학자들은 인간 게놈(genome)에 대한 분석은 인류가 한 부부로부터 시작되지 않았음을 드러낸다고 주장했다. 그러한 주장에 직면하여 아담이 첫 인간이자 인류의 죄의 기원이라는 입장을 교회가 왜 견지해 왔는지를 상기하는 것이 중요하다.

베른 S. 포이스레스(Vern S. Poythress) 박사
웨스트민스터신학교 성경해석학 교수

아담의 존재에 관한 최근의 논쟁을 고려할 때 역사적 아담에 대한 적극적 변호는 오늘날에도 중요하다. 이 해석적, 신학적 쟁점은 오늘날에도 여전히 제기되고 있다. 베르스티그는 신학의 가르침이 역사적 아담을 필요로 한다는 사실을 설득력 있게 보여준다. 이 문제에 관심 있는 모든 이들은 그의 변호를 눈여겨 볼만하다.

마이클 리브스(Michael Reeves) 박사
대학연합기독선교회 신학과장

이 책은 오늘날 우리에게 얼마나 중요한 책인가! 타당하고 명료하게 저술된 이 책은 아담의 역사성에 관해 의문을 제기하는 이들에게 견고한 해답을 준다. 또한 왜 이 문제가 타협되어서는 안되는지를 분명하게 보여준다. 사고하는 모든 그리스도인들은 이 책을 읽을 필요가 있다.

목 차

추천사(정승원 박사, 총신대학교신대원 조직신학 교수)	5
추천사(이강택 박사, 국제신학대학원대학교 신약학 교수)	7
추천사(그레고리 K. 빌 외 4명)	9
1978년 판 서문(J. P. 베르스티그 박사)	14
영역자 서문(리차드 개핀 박사)	16
역자 서문(우성훈 박사)	42
1. '교수 모델'의 개념	47
2. 로마서 5:12-21의 자료	59
3. 기타 신약성경 자료	95
4. 아담에 대한 랍비문헌 자료	121
5. 의도와 의미 사이의 거리	135
6. 결론	147

1978년 판 서문

J. P. 베르스티그(J. P. Versteeg) 박사
네덜란드 개혁교회신학교 신약학 교수

전 세계의 핵심 관심사 중 하나는 인간의 기원과 본질에 관한 질문이다. 인간은 어디에서 왔으며 누구인가? 이러한 질문을 성경에 비추어 볼 때 우리는 아담에 대한 성경 이야기를 직면하게 된다. 그런데 성경이 아담에 대해 이야기 할 때 그 의도는 무엇인가? 성경은 아담을 역사적 인물로 기록하고 인간 역사가 그로부터 시작되었다고 말하는가? 아니면 단순히 역사적 중요성 없이 교육의 틀 안에서 '교수 모델'로서 기술하는가? 이 질문에 대한 해답은 지대한 영향을 끼칠 결과를 가져온다. 죄, 구속, 구속자에 대한 시각은 분명 아담에 대한 시각과 밀접하게 연결되어 있다.

성경이 아담에 대해 무엇을 이야기하는지 고찰하려는

본 연구는 원래 네덜란드 개혁교회신학교의 개교 75주년을 기념하며 신학교 교수들의 글을 모아 출판한 책에 실린 글이다. 이것은 신약성경학 부문에 실린 기고문이었다. 이러한 연유로 본 연구 관심은 신약성경 자료에 제한되어 있다. 본 연구를 기꺼이 영어로 번역해 준 리차드 개핀 교수에게 감사드린다.

영역자 서문

리차드 개핀(Richard B. Gaffin Jr.) 박사
웨스트민스터신학교 조직신학 명예교수

   이 책의 재출판을 위해 일부분의 번역이 수정되었지만 기본적으로는 원판 그대로이다. 각주에서 인용된 문헌은 1978년 이후에 나타난 영어 번역본으로 최신화 되었지만 벌카워(G. C. Berkouwer)가 쓴 두 권의 성경 연구서는 예외로 두었다. 이 두 권의 영문판이 합본으로 출판되면서 상당 부분 편집되었고 이로 인해 베르스티그가 인용하는 부분을 정확히 지칭할 수 없었기 때문이다.
   이 책이 약 40년 전에 처음 등장했을 때 "성경은 모든 인류가 첫 사람 아담으로부터 비롯되었다는 역사적인 기독교 고백을 요구하지 않는다"는 주장이 상당히 알려져 있었다. 그래서 나는 이 주장을 더욱 효과적으로 반박하기 위해 이 책의 영문판을 만들어야 겠다고 마음을 먹게 되었다. 이 책이 핵심적인 신약성경의 본문을 상당히 신중하면서도 예리하게 고찰한 것만으로도 중요한 의의가 있다고 생각한다.

베르스티그는 당시 네덜란드의 개신교 및 로마가톨릭 진영 안에서 통용되던 견해들과 더불어 퀴테르트(H. M. Kuitert)의 견해를 주로 다루었다. 그러나 이와 거의 동일한 견해들이 대서양 양측에 위치한 영어권 복음주의 진영 안에서 점차 확대될 것이라고는 누구도 상상하지 못했다. 이러한 현상은 특히 과학자, 성경학자 그리고 아담에 대한 역사적 이해의 중요성을 거부하거나 의심을 품는 것이 그들의 기독교 신앙과 양립할 수 있다고 믿는 이들 사이에서도 동일하게 나타난다.

베르스티그는 그와 같은 신념에 도전하며 그것이 성경의 중심 메시지와 정면으로 충돌하며 궁극적인 복음의 손실을 가져온다는 점을 보여준다. 이것이 바로 그가 전개하는 논증의 기본 줄기이다. 모든 인간이 첫 사람 아담의 후손이 아니라면 성경에 기록된 구속사 전체는 결국 흐트러지고 만다. 그 결과는 신뢰할 수 있거나 일관성 있는 구속사의 부재를 뜻한다. 즉 의미 있는 구속사가 상실하고 마는 것이다.

베르스티그의 연구 오늘날에도 시기적절한 책이다. 출판사가 번역판을 재출판한 것에 감사한다.[1]

베르스티그는 마지막 6장에서 인간의 기원에 대한 진화론적 관점을 포용하는 주장을 언급한다. 또한 그는 아담의 역사성이 성경에 확증되고 반영된다는 점을 부인하는 일부 주요 '결과들'을 언급한다. 그는 기독교 신앙에 지대한 영향을 미치는 세 가지 요소를 발견한다. 가장 직결된 것은 죄에 대한 급진적인 이해 변화이다. 다시 말해서 인간이 타락하게 된 기원과 본질에 대한 이해 변화와 이에 상

---

[1] 성경적, 신학적 관련 쟁점을 간략히 다룬 보다 최근의 연구들 가운데 Michael Reeves, "Adam and Eve" in *Should Christian Embrace Evolution? Biblical and Scientific Responses*, ed. Norman C. Evans (Phillipsburg, NJ: P&R Publishing, 2009), 43-56, Robert B. Strimple, "Was Adam Historical?" in *Confident of Better Things: Essays Commemorating Seventy-Five Years of the Orthodox Presbyterian Church*, ed. John R. Muether and Danny E. Olinger (Willow Grove, PA: Committee for the Historian of the Orthodox Presbyterian Church, 2011), 215-222, Richard B. Gaffin Jr., "'All Mankind Descending from Him…'?" *New Horizons*, 33, 3 (March 2012): 3-5을 보라.

응하는 죄에 관한 유의미한 개념의 포기이다. 죄에 대한 관점의 변화는 역으로 구원에 대한 본질적인 개념의 변화를 초래한다. 이로 인해 죄에 대한 하나님의 정의롭고 거룩한 진노를 누그러뜨리는 대속적인 그리스도의 죽음이 퇴색되거나 거부된다. 그리고 죄와 구원에 대해 변화된 개념은 필연적으로 구원자(savior)에 대한 상당히 다른 평가로 이어진다. 그리스도의 인성 특히 그분의 모범적인 인격과 사역의 측면만 강조될 뿐(그는 진화적 과정이라는 굴레 안에서 실현된 '이상적 인간'[ideal man]이다), 그의 신성은 축소되거나 심지어 거부당하는 것이다.

베르스티그는 직접 부딪쳤던 결과들을 상세히 나열한다. 여기서 그 결과들(특히 죄와 구원과 관련된 결과들)이 앞서 언급된 무리 안에서 어떻게 표현되는 지를 눈여겨 볼 필요가 있다. 무리 안에는 아담의 역사성을 성경이 가르치고 있다는 사실을 거부하는 것이 성경에 충실한 기독교와 양립될 수 있다고 믿는 자칭 복음주의자들도 있다. 이러한 예는 피터 엔즈(Peter Enns)의 최근 저서 『아담의 진화』(*The Evolution of Adam*)에서 살펴볼 수 있다.[2]

---

[2] Peter Enns, *The Evolution of Adam: What the Bible Does and Doesn't Say about Human Origins* (Grand Rapids: Brazos, 2012). 『아담의 진화』(CLC).

엔즈는 성경에 충실한 기독교 신앙을 유지하면서도 과학적 증거들이 역사적인 기독교 고백을 신빙성 없게 만들어 버린다는 믿음을 가진 이들을 위해 글을 쓴다.[3] 그는 모든 인류가 최초의 부부로부터 비롯되었다는 가능성을 배제하면서 인간이 초기 형태의 생활에서 진화되었다는 증거는 논란의 여지가 없다고 믿는다. 이러한 신념이 그의 책을 탄생시켰다. 그는 우주 전체 및 인간의 기원에 대한 유신론적 대진화론 관점이 어떻게 성경을 읽어야 하는지 또한 성경이 어떻게 오늘날 규범이 되는지와 같은 문제와 양립할 수 있음을 증명하려고 노력한다.

이것과 관련된 과학적 쟁점들이 분명히 중요하며 신중한 접근을 요하지만 나의 현 관심사는 이것이 아니다. 엔즈의 성경 연구도 마찬가지이다. 그는 아담에 대한 바울의 가르침을 다루면서 그것이 자신이 전개하고자 하는 양립 가능한 관점에 가장 큰 걸림돌이 된다는 점을 인식하게 된다. 그의 바울 연구는 베르스티그가 지목하고 논박하고자 하는 관점들과 유사하다. 나의 관심은 진화론적 과학 탐구가 오늘날 성경과 그 권위를 이해하는 데 결정적이어

---

[3] Westminster Shorter Catechism 16; Westminster Larger Catechism 22.

야 한다는 그의 지배적 신념이 담긴 신학적 결론과 함의에 있다. 엔즈와 이러한 신념을 공유하는 이들이 특정 결론이나 함의를 도출하지 않았을 수도 있으며 그럴 의도가 없을지도 모른다. 그러나 그들이 어떻게 그러한 결론과 함의를 피할 수 있는지 혹은 다른 신빙성 있거나 만족할만한 대안을 내어 놓을 수 있는지는 알 수 없다.

> 진화론과 기독교를 진정한 화해의 장으로 이끌기 위해 필요한 것은, 기존의 신학 교리에 진화를 단순히 첨부하는 것이 아니다. 이 둘을 통합하는 것이다.[4]

이는 아홉 개의 결론 논지 중 마지막 논지로 그의 책을 마무리하는 문장이다. 종교개혁과 후기 종교개혁 개신교 정통교리에서 발견되는 역사적 기독교에 대한 기존의 신학적 진술과 관련하여 이 문장이 지닌 의미에 대해서는 의심의 여지가 없다. 엔즈가 말하는 '통합'(synthesis) 혹은 그가 제시하는 재고(rethinking)는 사실상 포기를 의미한다.

엔즈는 진화가 인간, 죄, 죽음의 기원과 본질에 관한 성

---

[4] Enns, *Evolution of Adam*, 『아담의 진화』 (CLC), 결론.

경 특히 바울의 가르침을 "뒤엎어 놓았다"고 말한다.[5]

진화는 창세기 1-2장에 기록된 사건의 원상태, 즉 "심히 좋았고"(창 1:31) 죄의 존재와 영향으로 손상되지 않는 상태에 대해 어떤 여지도 남겨놓지 않는다. 엔즈에 따르면 하나님의 형상대로 창조된 남자와 여자가 죄를 짓지 않고 끊임없이 죄를 지으려는 성향도 없이 하나님 그리고 서로가 방해받지 않는 관계 속에서 살았던 때는 절대 존재하지 않았다. 인간의 죽음 역시 '에덴동산에서 불순종함으로써 야기된 부자연스러운 상태'가 아니다.[6]

죄와 관련하여 엔즈 및 그와 비슷한 생각을 지닌 이들은 베르스티그가 다룬 사람에 대해서도 어떤 사람이 참인지를 명시한다. 진화는 죄가 인간 역사의 시작 이후 어느 시점에 들어왔다는 성경에 대한 믿음을 배제한다. 다시 말해서 진화는 성경이 가르치는 타락을 인정하지 않는다. 진화는 창조와 타락의 역사적 이전·이후 관계(before-and-after)를 나란히 놓인 불가분의 관계(side-by-side inseparability)로 대체했다. 죄는 인간의 타락 문제가 아니라 인간에게 '주어진' 문제이다. 인간이 된다는 것은 어떤 의미이든지 결

---

5 Enns, *Evolution of Adam*. 『아담의 진화』 (CLC).
6 Enns, *Evolution of Adam*. 『아담의 진화』 (CLC).

국 죄를 포함한다. 또는 적어도 자연스럽게 변함없이 죄에 노출됨을 의미한다.

엔즈는 조지 머피(George L. Murphy)가 쓴 소논문에서 '중요한 신학적 구분'(crucial theological distinction)이라는 문구를 차용하는데 이 구분은 '원죄'(original sin)와 '필연적 죄'(sin of origin) 사이의 구분을 말한다.[7] 전자는 어거스틴의 개념이다. 이는 역사적으로든 신학적으로든 독립적으로 존재할 수 없다고 주장된다. 후자는 모든 인간의 시작, 즉 출생시점부터 영향을 미치는 죄의 절대적 필연성을 확증한다.

엔즈는 이렇게 말한다.

> 이 끝없이 반복되는 죄라는 명백한 실제는 인류 존재에 있어서 바뀌지 않는 실존으로 남아있다.[8]

엔즈는 같은 지면상에서 이렇게 자명한 실재 혹은 '유대-기독교적 전통이 죄라 부르는 것'을 생생하게 전달한다. 그러나 동시에 분명한 것은 그가 죄책에 대해 완전히

---

[7] Enns, *Evolution of Adam*, 『아담의 진화』(CLC). 제7장. 이 구분은 Murphy, "Roads to Paradise and Perdition: Christ, Evolution and Original Sin," *Perspectives on Science and Christian Faith* 58,2(June 2006):109-118.

[8] Enns, *Evolution of Adam*, 124. 『아담의 진화』(CLC). 제7장.

침묵한다는 사실이다. 그의 서술의 초점은 (사람들이 서로에게나 스스로에게 행하는 해롭고 조작적인 일로서의) 죄에 집중적으로 맞추어져 있다. 모든 사람들은 서로가 참으로 평화롭게 살아가는 것이 어렵다고 말한다. 그리고 자신과 평화롭게 지내는 사람조차 거의 없다고 말한다.[9]

엔즈는 죄가 일으키는 죄책에 대해서 침묵할 뿐 아니라 죄는 하나님에 대한 반역임을 나타내는 암시조차 주지 않는다. 또한 죄의 본질은 우리가 자신이나 타인에게 행하는 끔찍한 잘못이 아니라 거룩하심과 정결 가운데 계신 하나님께 대한 모욕이라는 사실에 대해 어떠한 암시도 주지 않는다. 엔즈는 "우리 모두가 표준에 미치지 못한다"고 말한다. 그러나 그는 그 표준을 구성하고 결정하는 것이 무엇인지에 대해선 어떠한 언급도 없이 단지 "우리가 예수님이 모델로 제시한 이상적인 인간으로부터 얼마나 멀리 떨어져 있는지 알고 있다"고 말한다.[10]

죄에 대한 엔즈가 가진 확고한 진화론적 관점은 죄책의 개념을 위한 여지를 갖고 있을지도 모른다. 그러나 그것은

---

9 엔즈의 견해 따르면 과연 누가 스스로 혹은 타인과 진정한 평화를 유지할 능력이 있는지 의문스럽다.

10 Enns, *Evolution of Adam*, 『아담의 진화』 (CLC).

인간의 상호 관계적 측면에서의 죄책에 불과하다. 또한 그것은 (본래 불안정을 유발하는 진화 과정에 직면하여 실행 가능한 공동체 질서와 '가내적(家內的) 평온'을 유지하려는) 인간이 설정한 기준을 위반하는 죄책에 불과하다. 어떤 의미에서도 그것을 하나님 앞에서의(*Coram Deo*)의 죄책이라 볼 수는 없다.

엔즈는 왜 "모든 사람이 죄 가운데 태어나는지(원죄)에 대한 궁극적인 이유에 대해 우리가 반드시 다양한 가능성을 열어놔야 한다"라고 말하며 '모든 인간이 태어날 때부터 죄인이라는 사실'(필연적 죄)을 관찰하는 것에 흡족해 한다.[11] 그러나 이는 모든 인간이 죄 가운데 태어나는 이유에 대한 궁극적인 설명을 의심 없이 충실하게 따른 데서 나온 말이다. 그 설명은 한마디로 하나님이다. 하나님이 몇 가지 면에서 창조주로 인정되시며 그분이 본격적으로 일하시고 진화 과정을 유지시켜서 결국 타고난 죄성을 지닌 인간들을 초래하셨다면 그 죄성은 인간이 아닌 하나님의 책임이 된다.

성경이 가르치는 죄의 본질 혹은 창조주 하나님의 주권을 축소시키지 않는 한 이러한 결론은 불가피하다.[12]

---

11 Enns, *Evolution of Adam*, 125. 『아담의 진화』 (CLC). 제7장.
12 신적 책임론은 죄와 타락이 하나님이 주관하시는 영원한 칙령 안에서

엔즈는 이렇게 말한다.

> 기독교인들이 죄로 생각했던 것들을 생존 수단으로 이해될 수 있다. 예를 들면, 공격성과 지배성은 적자생존으로, 성적 난잡함은 유전자 풀을 이어가기 위한 것으로 볼 수 있다.[13]

그렇다면 우리 자신이나 타인의 번영을 추구하는 타고난 성향을 억제할 책임이나 자유 강조는 이러한 성향들이 죄책을 유발하지 않는다는 사실을 드러낼 수밖에 없다. 그 성향들은 우리가 인간으로서 어떤 존재인지를 보여주는 것이며 하나님이 진화를 사용하여 우리를 만들고자 하신 모습에서 필수적인 요소이다. 또한 가장 상대적이며 희석된 의미에서 봐도 우리가 그러한 파괴적 표현에 대해 죄책을 지닌다고 할 수 없다. 이처럼 분명히 하나님 앞에서의 죄책은 설령 그것이 언급되었다 해도 거의 무의미하게 해

이해된다는 개혁신학의 관점과는 동떨어져 있다. 아담과 하와가 창조되었고 그들이 사실상 죄를 지을 수도(*posse peccare*) 짓지 않을 수도(*posse non peccare*) 있었다는 것은 그들이 본질적으로 죄에 노출되어 있었으며 죄와 무관할 수 없었다(*non posse non peccare*)는 관점과 대조를 이룬다.

13 Enns, *Evolution of Adam*, 147. 『아담의 진화』(CLC). 결론.

석되어 버렸다.

구원에 관해서 엔즈는 복음주의적 독자들에게 성경이 가르치는 아담을 그의 진화론적 관점에서 다루면서 "복음이 미해결 상태에 있다"는 점을 반복해서 확인시켜 준다. 그는 아담의 역사성에 대한 바울의 가르침을 거부하는 것이 "복음의 진리와는 하등의 상관도 없다"고 강조한다. 그리고 "구주의 필요성은 역사적 아담을 필요로 하지 않는다"고 재차 확인한다.[14]

그러나 엔즈가 생각하는 복음의 성패 결정 요소가 무엇인가 묻는다면 그 대답은 결코 타당하지 않다. 그는 반복해서 복음은 무엇보다 바울에게 있어 그리스도의 죽음과 부활이라고 말한다.[15] 그러나 그는 이 사건들을 복음의 핵심으로 만드는 것이 무엇인지에 대해 언급하지 않을 뿐 아니라 그 사건들이 어떻게 죄로부터의 구원과 그 결과를 성취하는지 아무런 암시도 주지 않는다.

"성경대로 그리스도께서 우리 죄를 위하여 죽으시고"(고전 15:3), "성경대로 사흘 만에 다시 살아나사"(고전 15:4)라는

---

[14] Enns, *Evolution of Adam*, 『아담의 진화』 (CLC)에서 나오는 유사한 진술을 보라.

[15] Enns, *Evolution of Adam*, 『아담의 진화』 (CLC).

사실이 왜 바울이 전한 복음에서 '가장 중요한지' 혹은 "예수는 우리가 범죄한 것 때문에 내줌이 되고 또한 우리를 의롭다 하시기 위하여 살아나셨느니라"(롬 4:25)의 의미가 무엇인지는 간략한 설명조차 없다.

엔즈는 그리스도의 죽음이 죄인의 구원을 위해 어떤 기능을 했는지에 대해 침묵한다. 십자가가 복음의 핵심이며 독자들이 아담 및 죄에 관한 자신의 견해 때문에 위험에 처하지 않는다는 그의 역설을 고려할 때 그러한 침묵을 이해하기 어렵다. 죄에 관한 그의 견해에 비추어 볼 때 그리스도의 죽음을 (범죄한 죄인들을 위한) 하나님의 위대한 사랑의 비할 데 없는 표현으로 기술하지 않은 것은 놀라운 일이 아니다.

십자가가 죄에 대한 하나님의 공의롭고 거룩한 분노를 누그러뜨리고 죄가 유발한 죄책을 제거한 것은 엔즈의 시야에 들어오지 않는다. 또한 십자가가 죄인들과 영원한 평화와 화해를 수립하시는 하나님의 자비의 깊이를 보여준 것이 엔즈에게는 보이지 않는다. 엔즈가 성경이 가르치는 속죄의 형벌 대속적(penal substitutionary) 측면에 여지를 두었는지는 알기 어렵다. 그에게 그리스도의 죽음은 모범적 측면을 넘어 죄와 죽음의 권세를 극복하는 사건인 부활의

필연적 전제조건에 지나지 않는 듯하다.[16]

엔즈에게 기독교 복음의 영원한 진리 다시 말해서 오늘날을 위한 지속적인 복음은 바로 '예수님의 부활'이다. 최초로 죄를 지은 아담과는 달리 그는 예수님의 부활을 역사적 사건으로 여긴다. 그러나 이러한 부활에 대한 초점은 수많은 문제를 야기하고 다음과 같은 관찰을 유도한다. 엔즈가 그 역사성에 대해 확증하지만 아무리 봐도 불분명한 것은 예수님 자신에 관해서든 그리스도인들에 관해서든 그들의 현재 경험과 미래적 소망을 위한 부활의 실재와 중요성이다.

여기서 상세히 다루진 않겠지만 신약성경은 그리스도의 부활과 재림 시 그리스도인들의 미래적 부활이 육체적이라고 가르친다(예를 들면, 고전 15:12-23). 분명히 수반되는 모든 비밀과 불연속성이 있지만 근본적인 연속성, 즉 육체적 연속성도 있다. 그리스도인들이 미래에 부활하여 입

---

16 여기서 쟁점은 형벌 대속이나 승리자 그리스도(*Christus Victor*)가 아니다. 속죄에 관한 두 관점은 모두 사실이다. 죄책으로부터의 자유(칭의)없이 죄의 권세와 종으로 만드는 타락으로부터 구속(성화)은 없다. 최근에 다소 신랄하게 말했듯이 "미안하지만 형벌 없는 승리는 쓸모가 없다." Robert H. Gundry, "Smithereens!" review of *The Bible Made Impossible: Why Biblicism Is Not a Truly Evangelical Reading of Scripture*, by Christian Smith, http://www.booksandculture.com/articles/2011/sepoct/smithreens.html, para. 12.

을 몸은 현재 그들에게 정신적, 물리적으로 임재하시는 성령에 의해 변모된 결과물이 될 것이다. 이러한 성령의 사역 규모는 그들이 모든 죄의 폐해와 더불어 죄와 죽음으로부터 영원히 자유롭게 되는 데까지 이를 것이며 이 자유를 모든 피조물이 공유하게 될 것이다(예를 들면, 롬 8:19-22; 고전 15:42-54; 빌 3:21).[17]

다시 말해서 모든 비밀과 더불어 어떤 것이 더 수반되든 그들의 부활은 누구도 빼앗을 수 없는 생물학적 양상, 즉 생물학적 죽음의 제거를 포함한다.

엔즈 및 다른 이들이 받아들이는 인류와 그 기원에 대한 진화론적 이해가 어떻게 부활에 대한 성경, 즉 바울의 가르침과 조화를 이룰 수 있는지 알기 어렵다. 분명히 진화론에는 생물학적 죽음이 없는 '인간의 실존'이라는 개념이 설 자리가 없다.

엔즈 및 그와 생각을 같이 하는 이들에게는 육체적, 생물학적 죽음을 포함하여 '죄의 삯은 사망'(롬 6:23)이라는 바울의 말이 완전히 틀린 것이다. 그리고 만일 바울이 틀렸다

---

[17] Geerhardus Vos, *The Pauline Eschatology* (1930; repr., Grand Rapids: Baker, 1979), 206-214는 그리스도인들이 경험하게 될 육체적 변화를 가장 뛰어나게 다룬 연구 중에 하나로 남아 있다.

면 로마서 4:25과 고린도전서 15:3-4, 17에서 육체적 부활이 죄로부터의 구원이 지닌 본질적이자 극적인 양상이라고 말한 것 역시 틀린 것이 된다.

> 예수는 우리가 범죄한 것 때문에 내줌이 되고 또한 우리를 의롭다 하시기 위하여 살아나셨느니라(롬 4:25).

> 내가 받은 것을 먼저 너희에게 전하였노니 이는 성경대로 그리스도께서 우리 죄를 위하여 죽으시고 장사 지낸 바 되셨다가 성경대로 사흘 만에 다시 살아나사 (고전 15:3-4).

> 그리스도께서 다시 살아나신 일이 없으면 너희의 믿음도 헛되고 너희가 여전히 죄 가운데 있을 것이요 (고전 15:17).

다시 말해서 바울이 죄의 결과로서의 육체적 죽음에 대해 잘못 이야기 했다면 **복음**에 대해 심각한 오류를 범한 것이 되고 만다. 엔즈의 확신에도 불구하고 그 복음은 사실상 인간이 지은 죄의 기원, 본질, 결과에 대한 성경의 가르침과 같은 맥락이다. 이 가르침은 아담의 역사성과 그의 타락으로 인한 범죄를 확신하기 때문이다.

진화론은 '최초의 일들' 못지않게 '마지막 일들'에 대한 성경의 가르침을 배제한다. 계속해서 살펴보겠지만 이 둘은 서로 불가분의 관계로 묶여 있다. 성경의 종말론은 진화론 뿐 아니라 그 기원론(protology)과도 양립될 수 없다.

엔즈가 볼 때 복음의 현재적 타당성과 관련성은 바울이 (그는 바울만 언급하지만 아마도 다른 신약성경 저자들도 포함됨) 경험했던 '부활하신 예수님에 대한 경험'에 특별히 집중되어 있다.[18] 엔즈가 오늘날 사람들에게 복음이 제공하는 것의 핵심이라고 보는 그 경험은 항구적 실재를 지닌 경험이다. 왜냐하면 바울에게 예수님의 부활은 오래되지 않은 과거에 일어난 역사적 사건이었기 때문이라는 것이 엔즈의 추론이기 때문이다. 부활의 역사성 및 그것에 뿌리내린 개인 경험에 대한 바울의 증언은 원시 과거(primordial past)에 일어난 아담의 역사성에 대한 바울의 신념과는 달리 신빙성이 있다는 것이다.[19]

그러나 부활하신 그리스도에 대한 바울의 경험이 이런

---

18 Enns, *Evolution of Adam*, 『아담의 진화』 (CLC).
19 Enns, *Evolution of Adam*, 『아담의 진화』 (CLC).

방식으로 이해될 수는 없다. 그의 경험에 대해 우리가 아는 바는 바울 자신의 진술에서 비롯된 것이다. 그 진술은 다른 어느 곳보다 빌립보서 3:10-11에서 두드러지게 나타난다.

> 내가 그리스도와 그 부활의 권능과 그 고난에 참여함을 알고자 하여 그의 죽으심을 본받아 어떻게 해서든지 죽은 자 가운데서 부활에 이르려 하노니(빌 3:10-11).

바울은 자전적이면서도 (모든 그리스도인들을 대표하며) 그리스도에 대해 완전하고 경험적인 지식을 얻고자 하는 그의 깊은 열망을 표현하고 있다.[20]

바울이 말하기를 그 지식은 부활하신 그리스도와의 현재적 연합[21]에 있으며 그 연합이 수반하는 고난과 십자가 순종의 교제로 특징지어진다. 동시에 이러한 현재적 부활 경험은 미래 지향적이며 그리스도의 재림 시 일어날 육체의 부활에 초점을 두고 있다.

---

20 이는 "내 주 그리스도 예수를 아는 것이 가장 고상하기 때문이라"(빌 3:8)는 구절로 요약된다.
21 "그리스도를 얻고 그 안에서 발견되려 함이니"(빌 3:8-9).

> 그러나 우리의 시민권은 하늘에 있는지라 거기로부터 구원하는 자 곧 주 예수 그리스도를 기다리노니 그는 만물을 자기에게 복종하게 하실 수 있는 자의 역사로 우리의 낮은 몸을 자기 영광의 몸의 형체와 같이 변하게 하시리라(빌 3:20-21).

바울은 다른 곳에서 부활의 미래적 경험을 자신 뿐만 아니라 모든 그리스도인들에게 일어날 경험으로 확대한다.

> 무릇 흙에 속한 자들은 저 흙에 속한 자와 같고 무릇 하늘에 속한 자들은 저 하늘에 속한 이와 같으니 우리가 흙에 속한 자의 형상을 입은 것 같이 또한 하늘에 속한 이의 형상을 입으리라(고전 15:48-49). [22]

'흙에 속한 자'는 '첫 사람 아담'(고전 15:45)이고, 이 첫 사람 아담과 관련하여 '하늘에 속한 이' 그리스도는 '둘째 사람'(고전 15:47)이며 '마지막 아담'(고전 15:45)이다.

인간 역사의 시작부터 완성에 이르는 역사 전체에 관한

---

22 여기서 '하늘에 속한'은 하늘에 오르신 부활하신 그리스도를 묘사한다.

직결 문맥의 모든 관점(고전 15:42-49)의 중심에는 아담과 그리스도만 있을 뿐이다. 그 외에는 어느 누구도 중요하지 않다. 그들은 대표적이며 한정적인 역할을 가지며 아담 이전, 아담과 그리스도 사이, 그리스도 이후에는 어느 누구도 없다. 그리스도는 인격과 사역을 통해 '첫째'인 아담과의 관계에서 '둘째'이자 '마지막'이시다. 아담은 '그의 형상을 입은' 이들과의 관계에서 '첫째'이다. 여기서 아담은 그로부터 비롯되었고 같은 형상을 입어 자연스러운 연합 관계에 있는 다른 모든 사람들과 결속되어 나타난다.

고린도전서 15:49은 분명히 말한다.

> 우리가 흙에 속한 자의 형상을 입은 것 같이 또한 하늘에 속한 이의 형상을 입으리라(고전 15:49).

그리스도인들은 그리스도와 더불어 그분이 지니고 있는 '하늘에 속한' 형상, 즉 그분의 죽음, 부활, 승천에 의해 회복되고 영화롭게 된 하나님의 형상을 입게 될 것이다. 그러나 그들은 아담의 '땅에 속한' 형상, 즉 죄와 그 결과로 인해 훼손된 하나님의 원래 형상을 입었다. 특히 이 본문의 전체 관점을 고려할 때 첫 사람인 아담의 형상을 입지 않은 이들이 높임을 받으신 그리스도의 형상을 입게 될 것이라고 제안하는 것은 본문에 전혀 어울리지 않는다. 아담의 형상을 입지 않은 죄인들에게는 구원의 소망이 없다. 그리스도는 자신이 맡지 않은 것을 구원하지도 않으시며 구원하실 수도 없으시다. 그분이 맡은 것은 자연스러운 상속을 통해 아담의 형상을 입은 이들이 가진 인간적 본성이다.[23]

이 본문은 부활하신 그리스도의 형상을 미래에 육체적으로 입게 된다는 것을 총체적으로 기술하고 있다. 바울은 다른 곳에서 그리스도의 영광스러운 형상과 일치되어 가는 경험이 이미 성도들에게 일어나고 있다는 사실을 분명히 한다(고후 3:18; 4:6; 4:16 참조).

---

23 엔즈는 창세기 1-2장에 나오는 하나님의 형상이 단지 기능적일 뿐이라고 확신한다. 그것은 "인간과 동물을 구분하는 질"을 지칭하는 것이 아니라 "하나님의 대표자로서 하나님의 피조물을 다스리는 인간의 역할"을 지칭한다는 것이다(Enns, *Evolution of Adam*, xv). 그러나 바울이 창 2:7을 문맥과 그 함의와 더불어 이해하고(고전 15:45-49) 성경 전체가 가르치는 바에 따르면 하나님의 형상은 무엇보다 몸과 영혼, 즉 정신적 그리고 실체적인 인격적 존재이며 모든 사람(남자와 여자)은 영장류를 포함한 기타 모든 생물과 구별된다. 성경인류학은 신적 형상을 순전히 기능론적으로 이해하는 관점을 배제한다. 성경이 그런 것처럼 존재론(ontology)이나 존재(하나님의 형상을 입은 사람의 정체성)를 기능(하나님의 형상을 입은 사람이 해야 하는 것)과 분리하는 데 있어 전자는 후자에 선행하며 후자는 전자를 떠나 이해될 수 없다. 필자가 아는 한 엔즈의 연구와 같이 진화론의 입장에서 성경을 해석하는 방법은 하나님의 형상의 필수 구성요소인 몸과 조화를 이루기 어렵다. 몸과 형상의 밀접한 관계는 본문에 나타나는 것처럼 몸의 부활이 분명히 밝히는 진리이다.

> 우리가 다 수건을 벗은 얼굴로 거울을 보는 것 같이 주의 영광을 보매 그와 같은 형상으로 변화하여 영광에서 영광에 이르니 곧 주의 영으로 말미암음이니라
>
> (고후 3:18).

부활하신 그리스도에 대한 현재적 경험은 '영광에서 영광에 이르는' 현재 진행적인 일치에 있지만 어디까지나 그 경험은 몸의 미래적 부활과 영화(glorification)에서 완성될 것이다. 바울이 말하는 현재적 '부활하신 그리스도 경험'에서 본질은 (바울이 꿈꾸는) 미래에 그리스도의 부활하신 몸 안에서 그 경험이 완성되는 데 있다. 후자의 궁극적 실현 없이 전자의 경험은 없다.

엔즈는 미래의 육체적 부활에 대해 논하지 않는다. 그러나 이미 언급했듯이 바울의 가르침이 오늘날에도 신뢰할 만하며 여전히 관련 있다는 점을 그가 어떻게 찾아낼 수 있었는지 알기 어렵다. 더욱이 난해한 점은 (그가 진화론의 입장에서 성경 본문을 접근하는 방법을 취하면서) 바울의 가르침이 제2성전 유대교에 존재하던 상상적이고 추측에 근거한 묵시적 관점에서 진술된다고 보지 않아도 되는 근거를 어떻게 얻었는지 알기 어렵다는 것이다.

이러한 묵시론(apocalypticism) 역시 최초의 인간과 관련된 추정들처럼 '그에게 가용했던 성경적 용어'[24]로 표현된다. 이러한 사실 때문에 묵시론과 더불어 그 추정들 역시 오늘날 유효하지 않다. 어떤 경우에도 엔즈의 진화론이라는 조건에서의 '부활하신 그리스도 경험'은 바울이 말한 것이 아니다.

물론 서로 간에 차이점이 있지만 엔즈의 바울 평가는 베르스티그가 다룬 평가들처럼 (19세기 말과 20세기 초에 바울의 종교와 바울의 신학 사이의 분명한 단절을 주장하던) 옛 자유주의적 바울 연구가 가장 분명하게 기술한 관점과 흡사하다는 결론을 내릴 수밖에 없다. 과거의 관점은 본질적인 것, 즉 신학적 불일치와 오해로 각인된 겉껍질로부터 벗어나기 위한 종교적 신념과 경험의 변하지 않고 지속적으로 유효한 핵심에 집중했다.[25]

이런 점에서 상관있는 것은 성경에 대한 역사 비평적 접근으로 도달한 결론에서 다양하게 도출된 현대 기독교에 대한 긍정적 이해를 네드 스톤하우스(Ned Stonehouse)가 조

---

24 Enns, *Evolution of Adam*, 142. 『아담의 진화』 (CLC). 결론.
25 이러한 자유주의적 견해에 대해서는 Herman Ridderbos, *Paul: An Outline of His Theology*, trans. John Richard De Witt (Grand Rapids: Eerdmans, 1975), 17-22를 보라.

리있게 관찰한 것이다. 그는 '약간의 과장을 섞어 자유주의의 고집이라 묘사할 수 있는 것'에 관해 말한다.[26]

한 가지 더 유념해야 할 점은 성경을 해석하고 그것의 타당성 및 오늘날과의 관련성 유무를 결정하는 데 있어 현대 진화론을 더 중요하게 만들 수도 있는 성경에 대한 관점이다. 엔즈는 사실상 신적 저작과 성경의 자증하는 권위를 거부한다. 이는 크게 그리스도의 성육신과 성경 사이의 유비를 잘못 사용함으로써 발생한다.[27] 이 유비에 대한 그의 해석에 따르면 신적 저작은 인간 저작의 한 기능일 뿐이며 그 역은 성립되지 않는다는 논점에 대한 하나님의 합의를 성경 전체가 구현하고 있다.[28]

---

26 Ned B. Stonehouse, *Origins of the Synoptic Gospels: Some Basic Questions* (Grand Rapids: Eerdmans, 1963), 154(20세기 중반의 발전에 집중).

27 Enns, *Evolution of Adam*, 『아담의 진화』 (CLC). 엔즈가 이러한 유비 사용을 지지하기 위해 Herman Bavinck의 글을 길게 인용한 것(144)은 참으로 허울만 그럴 듯하다. "Bavinck를 인용해서 내가 동일한 쟁점에 이 원리를 적용하는 것처럼 그도 적용한다고 말하려는 것은 아니다"(161n3)는 말을 그가 덧붙이는데, 사실 이보다 더 큰 오해를 살만한 절제된 표현을 찾기란 어려울 것이다. 사실 그 '원리'(성육신 유비)를 관련 '쟁점'에 적용하는 데 있어 Bavinck는 엔즈의 결론과 정반대의 결론, 즉 성경에 대해 엔즈가 거부하는 기본적 결론에 이른다. Richard B. Gaffin Jr., *God's Word in Servant-Form: Abraham Kuyper and Herman Bavinck on the Doctrine of Scripture* (Jackson, MS: Reformed Academic Press, 2008), 4-5, 47-207을 보라. Enns가 직결문맥에서 인용하는 본문에 대해선 76-79을 보라.

28 다시 말하지만 필자가 아는 한 예외 없이 엔즈는 모든 신구약성경, 특히

신적 저작은 인간 저자들의 미심쩍은 노력으로 축소된다. 성경은 형식 뿐만 아니라 내용도 저자들의 개인적 한계와 부적합하다는 것이다. 또한 성경이 시대에 뒤쳐진 문화적 추정과 관점을 통해 전적으로 결정된 텍스트로서 아담에 대한 바울의 관점에서 보듯 역사적으로나 신학적으로 오류가 지나치게 많다는 것이다. 신적 합의와 성육신 유비에 관한 엔즈의 이해에 따르면 성경의 신적 저작, 즉 성경이 궁극적으로 하나님의 말씀이자 **글로 쓰인 말씀**이라는 점은 사실상 버려진 것과 다를 바가 없다.

베르스티그가 자신의 연구를 맺는 문장은 여전히 유효한 경종을 울리며 본 서문의 맺음말로도 적합하다.

> 아담은 최초의 역사적 인물이자 인류의 조상으로 신약성경에서 그저 지나가는 말로 언급된 것이 아니다. 아담과 그리스도의 구속사적 상관성은 특히 바울이 볼 때 그리스도의 구속 사역이 자리하고 있는 틀을

창세기와 그 외의 모세오경이 텍스트로서 신적 권위로부터 비롯되지 않았다고 보며, 동시에 성경은 이스라엘이나 교회의 '자기 정의적'(self-defining) 진술로서 여러 다양한 재귀적 노력이 '자기 정의'에 담겨 있으며 수많은 곳에서 미심쩍다고 규정한다. Enns, *Evolution of Adam*, 『아담의 진화』(CLC).

결정한다. 그 구속 사역을 그것이 서있는 틀과 분리시키면 그 사역은 더 이상 성경의 의미대로 고백될 수 없다. 누구든 구속 사역을 그 틀로부터 분리시킨다면 그 말씀이 **모든 것**을 결정하는 규범으로서의 기능을 수행하지 못하게 만든다. 신학이 이러한 유혹보다 더 심각하게 노출되어 있는 유혹은 최근 몇 세기 동안 없었다. 신학이 이러한 위험보다 더 두려워해야 할 위험은 없다.

역자 서문

우성훈 박사

성결대학교신학대학원 교수

이 책은 원래 네덜란드 개혁교회신학교의 신약 교수인 베르스티그(J. P. Versteeg)가 1967년에 네덜란드에서 화란어로 저술한 단행본의 일부분을 발췌하여 미국 웨스트민스터신학교의 조직신학 명예교수인 리차드 개핀(Richard B. Gaffin Jr.)이 1978년에 영역하여 출판한 책이다.

그로부터 30여 년이 지난 2012년에 일부 번역문이 수정되고 새로운 인용문헌을 추가되어 개정판이 나왔다. 많은 학자들의 호평과 찬사를 통해서도 알 수 있듯이 원서의 내용이 현대 학계와 관련 독자들에게도 매우 유용하다.

베르스티그의 주장은 아담의 역사성, 아담과 그리스도

와의 관계 논증을 핵심으로 한다. 그는 기독교 신앙이 오직 예수 그리스도의 말씀으로 이루어진다고 해서 아담을 역사적 인물이 아닌 '교수 모델'로 간주하는 것에 대해 이의를 제기하고 로마서와 기타 관련 본문을 치밀하게 해석하여 설득력 있게 반론을 제기한다.

아담을 역사적 인물로 여기지 않고 단지 '교수 모델'에 불과한 존재로 환원할 경우 불순종과 범죄에 대한 아담의 실질적 책임이 사라지게 되고 이에 따라 그리스도의 구속 사역에 담긴 속죄적 속성마저 퇴색된다는 것이 그의 주장의 요지이다. 아담과 그리스도의 구속사적 상관성을 고려할 때 "아담이라는 인물이 하나의 관념이라면 그리스도 역시 관념이라는 위협을 받는다"는 베르스티그의 날카로운 지적은 번역 작업을 마친 후에도 기억에 남는다.

이 책을 꼼꼼히 읽은 독자라면 신약성경에 나타나는 아담의 역사성이 지닌 구속사적, 기독론적 중요성을 보다 명료하게 이해하게 되리라 확신한다.

책의 선정, 번역, 편집, 출판 과정에서 수고를 아끼지 않으신 CLC 대표 박영호 박사님과 편집부의 노고에 심심한 감사를 드린다.

Adam

in the New Testament

아담의 창조

Adam in the New Testament

제1장

'교수 모델'의 개념

오늘날 성경이 아담에 대해 이야기하는 방법에 대해 활기찬 논의가 전개되고 있다. 그 이야기 방법은 종종 퀴테르트(H. M. Kuitert)의 소책자 『읽은 것을 이해하는가?』(*Do You Understand What You Read?*)에 나오는 개념인 '교수 모델' (teaching model)로 묘사된다.

퀴테르트에게 무엇보다 중요한 사항은 우리가 성경 저자들을 그들의 시대라는 틀 안에서 보는 것이다. 그는 "시간에 얽매이는 성경의 측면이…성경의 특성상 필수적이다"라고 말한다. 성경을 이해하는 중요한 질문들은 '시간에 얽매임'과 직접적인 관련이 있다. 예를 들면, 퀴테르트는 성경 저자가 하나님이 창조하신 '궁창'(창 1:6, KJV성경)에 대해 이야기 할 수 있다는 사실을 지적한다. 그러나 어느 누구도 '궁창'에 대해 문자적 의미로 이야기 할 수 없다는 것을 우리는 안다. 우리 머리 위의 푸른 하늘은 활짝 펼쳐진 파란 옷과 같은 것이 아니라 빛의 효과이다. 이와 같은 맥락에서 아담과 하와가 언급된다. '궁창'이 우리 위에 펼쳐져 있는 어떤 것이라는 의미로서 실제로 존재함을 증명할 증거가 없듯이 역사를 거슬러 올라가 에덴동산의 최초 부모를 나타낼 증거는 없다.

반면에 증거가 확보된 가장 오래된 인류는 매우 원시적인 종류로 보이며 이는 단정하게 묘사된 창세기의 아담과는 사뭇 다르다. 따라서 퀴테르트는 '궁창'의 존재처럼 아담과 하와의 존재와 관련해서도 아무런 문제도 느끼지 않는다.

> 창세기 저자가 하나님을 창조주로 선포하면서 표현한 세상은 최초의 부부가 '궁창'처럼 자연스럽게 받아들여지던 세상이었다. 두 요소는 당시 사람들이 세상에 대해 지녔던 모습과 잘 어울린다. 오늘날 하나님이 창조주이심을 고백할 때 우리는 현대 과학 지식의 도움을 얻어 고백한다. 그래서 우리는 진화, 세포, 원자에 대해 이야기 한다.[1]

---

[1] H. M. Kuitert, *Do You Understand What You Read?*, trans. L. Smedes (Grand Rapids, 1970), 36-37.

신약성경이 아담에 대해 이야기하는 방법이 퀴테르트의 결론을 수정하도록 만들지 못한다. 만일 신약성경이 아담에 대해 이야기 하는 것 특히 바울의 로마서 5장 담론이 아담의 역사성과 관련된 질문에 결정적이라는 이전 시대의 일반적 이해 방법을 따른다면 수정은 불가피할 것이다. 그러나 퀴테르트에 따르면 현대의 성경 연구는 아담의 역사성에 대한 질문이 신약성경 그리고 심지어 로마서 5장 안에서도 나타나지 않는다는 점을 분명히 단언했다.

또한 그에 따르면 로마서 5장에서 이끌어 내는 아담과 그리스도 사이에 유사성은 아담을 통해 예수 그리스도와 그의 사역의 의미 및 범위를 밝히려는 것이 목적이다. 아담이란 인물은 바울이 예수님을 전하는 일에 도움을 준다.[2] 로마서 5장이 이처럼 특정한 맥락에서 그리스도에 대한 가르침에 관심을 두고 아담에 대해 이야기하기 때문에 아담과 관련하여 우리가 지지하는 역사적 측면의 확실성이 우리보다는 바울에게 있어 현저히 떨어질 수 있다. 그리고 '교수 모델'이라는 용어가 등장하는 다음과 같은 이야기가 이어진다.

---

2 H. M. Kuitert, *Do You Understand What You Read?*, 40.

교육 모델이나 '교수 모델'로서의 아담이 역사적 인물일 필요는 없다.[3]

오해를 피하기 위해 퀴테르트는 아담의 역사적 측면이 우리에 비해 바울에게는 별로 중요하지 않았다는 점을 명확하게 밝히고자 했다. 그는 이러한 생각을 로마서 5:12-21에서 가져온다. 이 본문에 나오는 바울의 논증에서 중요한 것은 하와가 아닌 아담이 최초의 범죄자였다는 사실이다. 그러나 디모데전서 2:14에서 바울은 그 반대를 이야기하며 아담이 아닌 하와가 죄를 처음으로 범했다고 주장한다.

> 그러나 아담으로부터 모세까지 아담의 범죄와 같은 죄를 짓지 아니한 자들까지도 사망이 왕 노릇 하였나니 아담은 오실 자의 모형이라(롬 5:14).

> 아담이 속은 것이 아니고 여자가 속아 죄에 빠졌음이라 (딤전 2:14).

---

3 H. M. Kuitert, *Do You Understand What You Read?*

퀴테르트에 따르면 주장의 속성상 하나의 예는 다른 예를 배제한다. 따라서 이러한 현상은 바울이 관련 일들에 대한 역사적 과정에 관심을 두지 않았다는 사실을 증명한다. 랍비의 제자였던 바울은 자신의 목적을 위해 모든 종류의 성경 본문을 사용했으며 그 목적은 바로 메시아이신 예수님의 중요성을 분명히 밝히는 것이었다. 퀴테르트에 따르면 아담에 대한 바울의 관심사는 아담이 역사적 인물이었는지의 여부가 아니라 아담이 교육 혹은 '교수 모델'이었다는 데에 있다.[4]

퀴테르트가 어디서 '교수 모델'이라는 표현을 차용했는지는 분명하지 않지만 그가 직접 만들어 낸 말이 아님은 분명하다.

그가 이 용어를 사용한 것은 반 퍼슨(C. A. Van Peursen)이 『철학 오리엔테이션』(*Filosofische orientatie*)에서 '모델'이라는 용어를 사용한 것과 매우 흡사하다. 이 연구를 보면 반 퍼슨이 자연 과학에서 빌려온 '모델' 개념을 반복해서 사용함을 알 수 있다. 그는 양자역학과 천문학은 모두 모델과 결부되어 연구된다는 점을 주목한다.

---

4 H. M. Kuitert, *Do You Understand What You Read?*, 40-41.

모델은 실재에 대한 '그림'이 아니라 그것을 이해시키려는 의도를 지니고 있을 뿐이다.[5]

모델에 관한 이야기가 반 퍼슨과 퀴테르트의 직접적 관련성을 보여주는지는 모르겠지만 적어도 모델에 대한 반 퍼슨의 이해는 이 용어에 대한 퀴테르트의 이해와 정확히 일치하는 것으로 보인다.

퀴테르트는 아담을 '교수 모델'이라고 말하면서 신약성경이 아담에 대해 이야기하지만 이는 아담의 실재에 관한 '그림'이 아니라 예시(illustration), 즉 메시아이신 예수님의 실재에 관한 설명이라는 점을 명확히 하고자 한다. 따라서 '교수 모델'에 대한 이야기는 서로 관련된 두 가지 요소를 담고 있다.

첫째, '교수 모델'은 언제나 그 대상 '자체'로 부터 떠나 예시하는 역할을 한다.

둘째, '교수 모델'은 예시하고자 하는 대상을 떠나서는 독자적인 중요성을 지니지 않는다. 따라서 역사적 측면은 대상으로부터 완전히 사라지거나 아니면 적어도 사라질 가능

---

5 C. A. Van Peursen, *Filosofische orientatie* (Kampen, 1958), 155.

성을 가지고 있다.

'교수 모델'이라는 개념이 신약성경과 관련하여 사용된다면 그다지 적절한 선택이 아니라는 점을 언급할 필요가 있다. 이 개념은 자연 과학이 활용하는 '모델' 개념과 분명한 관련성을 보여주며 아마도 자연 과학으로부터 직접 차용된 것으로 보인다. 이 개념은 신약성경의 언어와 양립하기 힘들며 신약성경이 말하고자 하는 바를 나타내는 데 유용하다고 볼 수 없다.

많은 사람들이 아담과 관련하여 '교수 모델' 개념을 사용하지는 않지만 아담에 대한 신약성경의 서술에 관하여 퀴테르트의 생각과 상당히 동일한 입장을 보인다. 최근 로마 가톨릭 진영에서 나온 두 연구가 이에 대한 예가 될 수 있을 것이다.

"성인을 위한 신앙선언"인 『새교리문답』(*The New Catechism*)이 네덜란드의 주교의 요청으로 출판되었는데 여기에서는 아담이 논의 대상으로 등장한다.

『새교리문답』은 세상에 대한 진화론적 그림으로부터 출발한다. 우리가 가진 세상의 실재가 발달되는 과정에서 다른 단계가 된다.

> 시간상의 날짜와 지점, 단계들 간의 상호 관계 등 거의 모든 것은 불확실하다. 예기치 못한 선(line) 하나만이 보다 확실하게 부각된다. 나무와 평원에서 사는 동물 한 종이 느린 발달(진화)을 통해 우리에게까지 이르렀다.[6]

따라서 창세기 1-3장은 우리에게 세상의 시초에 대해 설명하지 않는다. 신약성경 역시 예외가 아니며 바울이 로마서 5장에서 이야기한 것도 마찬가지이다. 겉보기에는 로마서 5장에서 바울이 한 사람을 통해 죄가 세상에 들어왔다고 강조하는 것처럼 보인다.

> 그러나 '한'(one) 이라는 단어의 반복은 바울이 논의의 출발점으로 택한 당시의 세계관에 상응하는 것으로 그의 메시지가 아니라 일종의 문학적 형태이다.[7]

따라서 『새교리문답』도 아담이 역사적 인물로서 인류 역사의 출발점이라는 점을 인정하지 않는다. 아담은 예수

---

6 *De nieuwe katechismus* (Hilversum, 1966), 13.
7 *De nieuwe katechismus*, 308.

님에 관한 메시지를 예시하는 역할을 수행할 뿐이다.[8]

이와 동일한 생각이 독일의 로마가톨릭 신학자 렝스펠트(P. Lengsfeld)를 통해서 가장 분명하게 표현된다. 렝스펠트에 따르면 바울이 로마서 5:14에서 아담을 그리스도의 모형이라 부를 때 바울은 특정한 목적을 이루기 위해 이와 같은 모형론적 개념을 사용한다.

> 그러나 아담으로부터 모세까지 아담의 범죄와 같은 죄를 짓지 아니한 자들까지도 사망이 왕 노릇 하였나니 아담은 오실 자의 모형이라(롬 5:14).

다시 말해서 모형론 자체가 목적이 아니라 수단이자 도구라는 뜻이다. 렝스펠트에 따르면 이 모형론의 유일한 요점은 그리스도 사건을 그리스도인들을 위한 사건으로 설명하는 것이다.[9]

---

[8] 롬 5:12-21에 관해서 *The New Catechism*, 308은 "난해한 본문의 메시지는 이것이다. 얼마나 많은 죄가 죽음과 더불어 인류 가운데 다스리든지 예수님을 통해 은혜와 회복이 영생과 더불어 보다 풍성하게 임했다"고 결론짓는다.

[9] P. Lengsfeld, *Adam und Christus. Die Adam-Christus-Typologie im Neuen Testament und ihre dogmatische Verwendung bei M. J. Scheeben und K. Barth* (Essen, 1965), 218-221.

따라서 아담이라는 인물의 역사적 특성에 관한 모형론으로 해석될 수 있는 여지는 없다. 바울은 아담과 그 후손에 관해 역사적인 선언을 하려는 의도도 없었고 할 수도 없었다. 바울은 아담의 도움으로 그리스도 사건을 설명하고자 했다. 다시 말해서 바울은 죄의 영역으로 향하는 출입구를 연 아담의 문지기 '역할'에만 관심이 있다. 이를 통해 (은혜의 영역을 확립하신) 그리스도의 모형인 아담의 기능을 보다 날카롭게 강조할 수 있게 되었다. 바울이 볼 때 아담이라는 인물의 요점은 그의 '모형론적' 요인이며 모든 인류의 생물학적 조상이 된 한 사람의 역사적 실재성과는 상관없다.[10]

따라서 렝스펠트에게 있어 역사적 인물로서의 아담은 그리스도 사건과 관련하여 그가 설명한 아담과 첨예한 경쟁 관계에 있다.

이제 신약성경이 아담을 퀴테르트가 (그리스도에 관한 메시지를 명확히 하여 역사적 요인이 아무런 의미가 없게 할 목적을 가지고) 이해하던 의미의 '교수 모델'로 말하고 있는지에 대해 답하기 위해 신약성경 본문을 고찰할 차례이다. 이를 위해 아

---

10 P. Lengsfeld, *Adam und Christus*, 115ff.

담이 명확히 언급되는 본문을 살펴 볼 것이며[11] 우선적으로 로마서 5:12-21을 다루려 한다. 이미 살펴본 것처럼 이 본문은 '교수 모델'로서의 아담에 관한 논의에서 중심적 위치를 차지하기 때문이다.

---

11 아담이 언급되진 않지만 본 연구와 관련시켜 논의될 수 있는 본문은 마 19:4과 행 17:26 등이다.

아담의 창조

Adam in the New Testament

제2장

로마서 5:12-21의 자료

1. 그리스도의 모형인 아담

바울은 로마서 5:14에서 아담과 그리스도의 관계를 서술한다.

> 그러나 아담으로부터 모세까지 아담의 범죄와 같은 죄를 짓지 아니한 자들까지도 사망이 왕 노릇 하였나니 아담은 오실 자의 모형이라(롬 5:14).

여기서 바울은 아담을 그리스도의 '모형(pattern)' 혹은 '형상'(image)이라 칭한다.[1]

---

[1] 바울이 "오실 자의 모형"이라 말할 때 "오실 자"는 의심의 여지없이 그리스도를 뜻한다. 한편 A. Nygren, *Commentary on Romans* (Philadelphia, 1949), 217, O. Michel, *Der Brief an die Römer* (Göttingen, 1963), 140, J. Murray, *The Epistle to the Romans*, I (London-Edinburgh, 1967), 188을

이 말의 원 헬라어 단어는 '튀포스'(tupos)이며 여기서 '모형'(type)이라는 단어가 유래했다. '튀포스'는 '치다'(strike)는 뜻의 동사로부터 왔다. 그러나 정작 '튀포스'에는 '치다'란 의미가 없으며 일격을 통해 남은 것이라는 의미, 즉 '자국'(impression)이나 '각인'(imprint), '작은 조각품'(statuette)이라는 뜻이 있다. 또한 이 단어는 자국, 각인, 작은 조각품을 만드는 '주형'(mold)이라는 뜻도 있다. 따라서 이 단어는 '모형'이라는 파생적 의미를 갖고 있다고 볼 수 있다.[2]

신약성경에 나오는 '튀포스'는 다른 의미를 갖고 있다. 이 단어는 십자가 처형 때 예수님의 손에 남겨진 '못 자국'(요 20:25)을 지칭할 때 쓰인다. 이외에도 거짓 신들의 '형상'(행 7:43), 바울이 전해 준 '교훈의 본'(롬 6:17), 교회가 추종해야 하며 결정의 기준이 되는 '본'(빌 3:17; 살전 1:7; 살후 3:9; 벧전 5:3)을 지칭할 때도 쓰인다. 로마서 5:14에서 사용되는 '튀포스'는 그 원래의 의미를 갖고 있다.

아담이 그리스도의 '튀포스'로 불린다는 것은 아담과 그

보라. 그러나 J. A. T. Robinson, *The Body. A Study in Pauline Theology* (London, 1963), 35n1은 '오실 자'가 그리스도가 아닌 모세나 '율법 아래 있는 사람' 혹은 '미래'를 지칭한다고 주장한다.

2 L. Goppelt, *TDNT*, 8:246-47 참조. W. P. DeBoer, *The Imitation of Paul. An Exegetical Study* (Kampen, 1962), 1-23 참조.

리스도가 작은 조각상을 주조하는 틀과 조각상 자체처럼 연결되어 있음을 의미한다.³ 그리스도의 '튀포스'인 아담은 그리스도의 '예표'(prefiguration)이다.

아담을 그리스도의 모형으로 부르는 것이 아담과 그리스도 사이의 우연적 유사성 그 이상을 표현한다는 것은 이미 밝힌 바 있다. 조각상이 주조되는 틀과 조각상 자체의 관계가 자유자재로 움직이는 것이 아니라 고정되어 있듯이 모형(아담)과 예표(그리스도)의 관계 역시 고정된 관계이다. 그 틀은 조각상을 지향하며 조각상 안에서 실현된다.

로마서 5:14에 나오는 모형과 예표의 관계는 약속과 성취, 즉 '옛 것'과 '새 것'의 관계이다. 여기서 '옛 것과 '새 것'의 의미는 히브리서에서 나타나는 의미이다.⁴ 동시에 이것은 '모형'에 대한 이야기가 구속사적-역사적 범주 안에서의 이야기라는 말이다. 헤르만 리더보스(Herman Ridderbos)는 아담이 모형으로서 '이전에 확립된 구속사적-역사적 관계 속에서' 그리스도를 지목한다고 말한다.⁵ 이 구속사

---

3 L. Goppelt, *Typos. The Typological Interpretation of the Old Testament in the New* (Grand Rapids, 1982), 129. Goppelt, *TDNT*, 8:252 참조.

4 J. de Vuyst, "Oud en nieuw verbond" in *de brief aan de Hebree en* (Kampen, 1964), 254ff.

5 H. N. Ridderbos, *Aan de Romeinen* (Kampen, 1959), 116.

적-역사적 관계는 '모형'에 관한 이야기에 그 실재를 부여한다. 고펠트(Goppelt)는 다음과 같이 말한다.

> 아담은 예시적 인물에 그치지 않는다. 바울은 그리스도를 통해 아담을 구속사 속에서의 모형으로 보았고 하나님이 성경 안에 마련하신 예언자적 인물로 보았다. 이것이 아담과 그리스도의 관계로부터 (모형론에서 발견되는) 특정 결론을 도출할 수 있는 유일한 방법이다.[6]

따라서 모형은 언제나 구속사 안에서의 특정한 시점에 있으며 동일한 역사 속에서 또 다른 후대의 시점을 지향한다. 고펠트의 말을 다시 한 번 빌자면 특정한 사람, 행동, 사건이 '훗날 더욱 완전하게 될 하나님이 임명한 대표 혹은 미래 실재의 모형'[7]으로 간주될 때 비로소 모형에 대해 이야기하는 것이 적절하다고 할 수 있다.

따라서 성경의 모형론과 알레고리 사이에는 명백한 차이가 있다. 알레고리적 해석의 대상은 사실도 아니고 이야기의 문자적 의미도 아니다. 본문의 분명한 의미와 함께

---

[6] Goppelt, *Typos*, 130.

[7] Goppelt, *Typos*, 18.

혹은 그 의미를 무시하면서까지 알레고리적 해석은 '보다 깊은 의미'를 추구한다. 이와 반대로 모형론은 역사를 역사답게 만든다.

결과적으로 엘리스(E. E. Ellis)는 신약성경의 모형론에 결정적인 세 가지 요소를 지목한다.

첫째 요소는 모형을 구속사 속에 나타난 하나님의 구원 행위와 분리시켜 이해해서는 안되는 것이다. 엘리스에 따르면 신약성경의 모형론적 해석은 모형이 역사 속에서 지닌 중요성에 기초하고 있다.[8] 고펠트는 특히 이 요소를 강조한다. 그는 구약성경의 모형들이 역사적 사건들을 통해 나타나는 하나님의 자기 계시를 동반한다고 말한다. 이러한 하나님의 자기 계시는 하나님의 말씀으로 인하여 나타나고 믿음 안에서 알려진다. 고펠트가 말하는 것처럼 계시는 그 본질상 역사적 사건으로부터 분리되지 않으며 영원한 진리가 아니다. 계시는 역사적 틀 안에서만 유효하다. 따라서 그것은 이러한 역사적 사건들에 대해 충분한 고려할 때 다른 상황에 대해서도 중요한 의미를 가질 수 있다.[9]

---

[8] E. E. Ellis, *Paul's Use of the Old Testament* (Edinburgh-London, 1957), 127.

[9] L. Goppelt, "Apokalyptik und Typologie bei Paulus," *Christologie und Ethik. Aufsätze zum Neuen Testament* (Göttingen, 1968), 261. 또한 L.

둘째 요소는 모형과 예표 사이의 관련성이 **하나님의 구속 계획에 의해 결정된다**는 것이다.[10] 이 둘째 요소는 첫째 요소와 뗄 수 없는 관계 속에서 언급되어야 한다. 마치 역사의 불변하는 규칙이 모형과 예표의 관련성에 주어진 것처럼 모형의 중요성은 역사 자체에 있지 않다. 모형과 예표의 관련성은 "언약을 기억하시고 이전 행위를 초월하는 새로운 행위로 구원 사역을 계속해서 이어가시는 **신실하신 여호와께서 지속적으로 일하신 결과**"라는 람멘스(G. N. Lammens)의 말은 옳다.[11]

그러므로 모형론적인 이야기는 동일한 사건이 반복해서 발생한다는 입장인 순환적 사고(cyclical thinking)와는 아무런 관련이 없다. 결말은 시작의 반복을 볼 수 있게 하는 것이다. 순환적 사고는 역사의 진행이나 완성에 대해 아무 말도 하지 않는다. 이미 존재하던 것의 재발생과 반복이 순환적으로 지속될 뿐이다. 예를 들면, 루돌프 불트만(Rudolf Bultmann)은 모형으로서의 아담을 순환적 사고 틀 안에서 이해하고자 했다. 이를 위해 그가 주로 사도시대 교부

Floor, *De nieuwe exodus: Representatie en inkorporatie in het Nieuwe Testament* (Potchefstroom, 1969), 13도 보라.

10 Ellis, *Paul's Use of the Old Testament*, 127-128.
11 G. N. Lammens, *Top Zijn gedachtenis* (Kampen, 1968), 147.

들에 호소했다는 것은 주목할만 한 일이다.[12] 사실 우리는 사도시대 교부들 안에서 순환적 사고의 흔적을 발견한다. 이로 인해 모형들은 역사적 유비를 형성한다.

그러나 고펠트는 신약성경의 모형론과 관련하여 사도시대 교부들 안에 나타나는 모형론은 그 특성이 매우 다르다는 사실을 보여주었다.[13] 신약성경에서 모형과 예표의 관계는 역사적 유비 이상의 문제이다. 그 관계의 핵심적인 요소는 하나님의 구속 계획에 있으며 바로 이것이 모형과 예표를 연결한다.[14] 예를 들면, 고린도전서 10:11에서 바울은 출애굽과 연관된 사건들이 새 언약 백성들 (즉 "말세를 만난 우리")에 대해 '모형론적' 중요성을 지닌다고 말하면서, 새로운 시대를 맞은 백성을 다루시는 하나님의 방법이 옛 시대에서 백성을 다루시는 하나님의 방법과 일치한다는 사실을 드러낸다. 하나님의 동일한 신실하심은 옛 시대와

---

12 Barnabas 6:13. R. Bultmann, "Ursprung und Sinn der Typologie als hermeneutischer Methode," *Exegetica. Aufsätze zur Erforschung des Neuen Testaments* (ed. E. Dinkler, Tübingen, 1967), 370 참조.

13 Goppelt, *TDNT*, 8:256.

14 Goppelt, *Christologie und Ethik*, 249: "이는 하나님의 구속 계획에 의해 세워진 관계를 지칭한다. 하나님의 계획은 약속의 영역 안에서 일어난 그분의 구원 행위에 그것이 성취될 때 갖게 되는 동일한 특성을 부여한다"(롬 9:6; 11:29; 엡 3장).

새 시대 백성들에게 표현된다. 이것은 단순히 사건들의 외적인 유사성의 문제일 뿐 아니라 하나님의 행위에 담긴 본질적 동일성의 문제이다. 이스라엘이 홍해를 건넌 사건은 세례의 모형만이 아니다. 이 둘 모두 물을 통과하는 것을 동반하지만 무엇보다 이 둘은 하나님의 구원 행위에 대해 이야기하고 있기 때문이다.[15]

새 시대가 '시대의 끝'을 보여주는 하나님의 구원 행위를 동반하므로 불신앙과 불순종은 악하다. 모형은 언제나 역사적 사건들을 동반한다. 역사적 사건들은 하나님이 신실하심으로 인내하시기 때문에 한 번 발생한 역사적 사실을 넘어 또 다른 발생을 지향하는 중요성을 담고 있다.[16]

셋째 요소는 구약성경의 모형과 이에 상응하는 신약성경의 사실이 서로 다른 **시대**(dispensation)에 속한다는 점이다. 모형과 예표의 관계는 하나님의 구원 섭리, 즉 구원의 신적 시대라는 틀 안에서 이해되어야 한다. 그래서 엘리스는 이렇게 말한다.

---

15 Goppelt, *TDNT*, 8:251-252. 또한 Ellis, *Paul's Use of the Old Testament*, 127과 Floor, *De nieuwe exodus*, 129도 보라.

16 Goppelt, *Christologie und Ethik*, 262을 보라. 또한 J. Moltmann, "Exegese und Eschatologie der Geschichte," *Evangelische Theologie* 22 (1962): 61도 보라.

신약성경 모형론은 유사성이나 유비를 보일 뿐 아니라 하나님의 구원 섭리 안에서 주어진 관계를 가리킨다.

엘리스에 따르면 이것은 두 시대가 분명하게 대조되는 출애굽 모형에 유효할 뿐 아니라 다른 구약 모형들에도 동일하게 적용된다.[17]

쿨만에 따르면 모형과 예표가 서로 다른 구원 시대와 연결된다는 사실은 모형에서 예표로 이동하는 구속사적-역사적 진행을 포함한다. 모형에 대한 이야기는 곧 새 시대를 통한 옛 시대의 성취에 대한 이야기이다.[18] 동시에 모형론적인 이야기는 성취가 곧바로 발생하지 않는다는 점을 시사한다. 모든 직선은 인간의 죄로부터 기인하는 반복적인 타락으로 인해 끊어지고 만다. 그러나 이것이 연선, 과정, 성취가 존재한다는 사실을 바꾸지 않는다. 이러한 점에서 우리는 '오르내리는 선'(fluctuating line)에 대해 말하는 쿨만에 대해 이야기 할 수 있다.[19]

---

[17] Ellis, *Paul's Use of the Old Testament*, 128. 참고로 L. Floor, *De nieuwe exodus*, 13은 "신약성경에 대한 모형론적 설명을 위해 구약성경과의 유기적인 연관성은 결정적으로 중요하다"고 말한다.

[18] O. Cullmann, *Salvation in History* (New York and Evanston, 1967), 133.

[19] O. Cullmann, *Salvation in History*, 15.

람멘스 역시 이렇게 말한다.

> 구약의 역사 그리고 메시아적 실재 안에서의 성취 사이에 모든 종류의 하부 연결선이 지난다. 구속 역사는 점진적인 나선형 형태로 지나간다고 말할 수 있다.[20]

따라서 모형론적 언어에서 중요한 것은 '구속사'로부터 두 시대의 관계가 엿보인다는 사실이다. 퀴테르트는 고린도전서 10:4을 가리키면서 아담을 모형으로 부르는 자료들의 역사적 특징을 약화시키고자 한다.

> 다 같은 신령한 음료를 마셨으니 이는 그들을 따르는 신령한 반석으로부터 마셨으매 그 반석은 곧 그리스도시라(고전 10:4).

이 고린도전서 본문에서 우리는 이스라엘 백성과 함께 광야를 통과했던 반석을 만나게 되는데 모형론적 틀에서 볼 때 그 바위는 그리스도였다. 그래서 퀴테르트는 다음과 같이 말한다.

---

20 Lammens, *Tot Zijn gedachtenis*.

여기서 바울은 광야 통과에 관해 놀라운 관찰을 하게 된다. 오랜 기간 주석가들은 그 의미를 어떻게 이해해야 하는지 알지 못했다. 이스라엘 백성에게 물을 공급하기 위해 그들과 함께 여정을 떠난 반석에 대해 구약은 어떤 언급도 하지 않기 때문이다. 우리는 '반석에서 나온 물'과 모세가 친 '반석'(출 17:6)에 대해서는 알지만 이스라엘과 함께 광야를 동행한 반석에 대해서는 들어 본 적이 없다. 그러나 랍비문헌을 보면 그러한 반석을 만나게 된다.

이 문헌은 이스라엘 백성과 함께 광야를 거쳐 동행하던 반석에 대해 이야기해 주고 또한 이 이야기를 사용하여 반석에서 나온 물 이야기가 어떻게 반복될 수 있는지 설명해 준다(출 17장, 민 20:7-13, 21:16-18을 비교하라). 바울은 분명 이 이야기를 랍비문헌으로부터 가져왔을 것이다. 결국 그는 랍비 전승을 어릴 때부터 알고 있었다.[21]

---

21 Kuitert, op. cit. M. Boertien, "De joodse achtergrond van het parallel Adam/Christus in her N.T.," *Gereformeerde Theologisch Tijdschrift* 68 (1968): 217도 참조.

퀴테르트는 "이것이 진정 바울에게 역사였는가?"라며 궁금해 한다. 퀴테르트는 그 해답을 찾는 일에 망설임이 없다. 퀴테르트가 볼 때 역사적인가 비역사적인가에 관한 문제는 바울의 관심사가 아니었다. 왜냐하면 바울은 그 이야기를 예수님에 관한 자신의 가르침을 돕는데 사용하기 때문이다.

퀴테르트의 주장은 상당히 강력해 보인다. 고린도전서 10:1-11에서 역사적 실재가 그렇게 놀라운 방법으로 다루어지고, 이 단락이 여전히 모형론적이며 '모형'이라는 단어가 보다 분명히 언급된다면, 모형에 담긴 역사적 요소가 앞서 우리가 논의한 것 만큼 자주 강조될 수 있는가?

이 주장은 보기보다 더 일리가 있어 보인다. 우리는 이스라엘과 동행한 반석에 대하여 바울이 그 반석은 그리스도라고 설명한 것을 주목해야 한다. 따라서 우리는 퀴테르트가 생각하는 것과는 다른 방향에서 다시 생각해봐야 할 것이다.

고펠트는 고린도전서 10:4에서 나타나는 바울의 개념이 출애굽기 17:6에 대한 유대인 방식의 설명에서 우리가 발견한 개념과 흡사하다는 사실을 특별히 지적한다.

다 같은 신령한 음료를 마셨으니 이는 그들을 따르는 신령한 반석으로부터 마셨으매 그 반석은 곧 그리스도시라(고전 10:4).

내가 호렙 산에 있는 그 반석 위 거기서 네 앞에 서리니 너는 그 반석을 치라 그것에서 물이 나오리니 백성이 마시리라 모세가 이스라엘 장로들의 목전에서 그대로 행하니라 (출 17:6).

유대인 방식의 설명은 이스라엘이 어디로 가든지 하나님은 자기 백성에게 물을 공급해 주시기 위해 동행하실 것이라 말한다. 이로 인해 '어떤 면에서는' 하나님이 그의 백성과 동행하시는 반석이라 불릴 수도 있다.[22]

고린도전서 8:6을 언급하는 고펠트에 따르면 바울은 고린도전서 10:4에서 언급된 구속사적 사건에서 중재자로서 그리스도를 지목하고자 한다.[23]

---

22 Goppelt, *Typos*, 146. 또한 H. L. Strack and P. Billerbeck, *Kommentar zum Neuen Testament aus Talmud und Midrasch* (München, 1926), 3:408도 참조. 관련 예문은 Mekelta Ex. 17:6이다. F. J. Pop, *De eerste brief van Paulus aan de Corinthiers* (Nijkerk, 1965), 198에 따르면 동행하는 반석에 대한 유대 전승의 논점은 단지 '여호와께서 그의 백성과 동행한 것과 그들을 향한 지속적인 돌봄'을 표현하는 것뿐이다.

23 Goppelt, *Typos*, 146.

> 그러나 우리에게는 한 하나님 곧 아버지가 계시니 만물이 그에게서 났고 우리도 그를 위하여 있고 또한 한 주 예수 그리스도께서 계시니 만물이 그로 말미암고 우리도 그로 말미암아 있느니라(고전 8:6).

이스라엘 백성과 동행했던 반석은 바울이 말하는 것처럼 '영적' 반석, 즉 그리스도였다. 바울이 만일 랍비 미드라쉬를 가져온 것이라면 그것을 자신이 원하는 중요성을 띠도록 전환시켰다고 볼 수 있다. 바울의 말은 옛 시대에 주어진 유익이 이미 그리스도의 유익이라는 것이다. 바울은 고린도 교인들이 그들의 선조들처럼 불신앙과 불순종 속에서 그러한 유익을 경멸하지 말라고 경고하고 있다.[24]

우리는 바울이 확실히 역사적 사실들을 떠올리고 있으며 서술 안에서 은유, 즉 은유적 표현을 사용한다고 결론 내릴 수 있을 것이다. 그러나 그 표현은 사도 바울이 역사적 사실에 대해 적고 있다는 사실을 바꾸어 놓진 않는다. 바울은 어떤 순간에도 시내 사막에서 엉뚱한 곳에 놓인 바위를 문자적으로 떠올리지 않았다.

---

24 F. W. Grosheide, *Commentary on the First Epistle to the Corinthians* (Grand Rapids, 1953), 221-222과 Pop, *De eerste brief van Paulus aan de Corinthiers*, 198-199 참조.

2. 한 사람

　로마서 5:12-21에서 우리는 반복해서 '한 사람'(one)이라는 단어를 만나게 된다. 이 단어는 거의 모든 구절에서 반복적으로 등장한다. 아담과 그리스도 사이의 모형론적 관계는 이 단어 안에서 집중된다. 관련 구절은 다음과 같다.

아담에 관한 구절	그리스도에 관한 구절
그러므로 한 사람으로 말미암아 죄가 세상에 들어오고(롬 5:12)	
한 사람의 범죄를 인하여 많은 사람이 죽었은즉(롬 5:15)	더욱 하나님의 은혜와 또한 한 사람 예수 그리스도의 은혜로 말미암은 선물은 많은 사람에게 넘쳤느니라(롬 5:15)
이 선물은 범죄한 한 사람으로 말미암은 것과 같지 아니하니(롬 5:16)	

심판은 한 사람으로 말미암아 정죄에 이르렀으나(롬 5:16)	
한 사람의 범죄로 말미암아 사망이 그 한 사람을 통하여 왕 노릇 하였은즉(롬 5:17)	더욱 은혜와 의의 선물을 넘치게 받는 자들은 한 분 예수 그리스도를 통하여 생명 안에서 왕 노릇 하리로다(롬 5:17)
한 범죄로 많은 사람이 정죄에 이른 것 같이(롬 5:18)	한 의로운 행위로 말미암아 많은 사람이 의롭다 하심을 받아 생명에 이르렀느니라(롬 5:18)
한 사람이 순종하지 아니함으로 많은 사람이 죄인 된 것 같이(롬 5:19)	한 사람이 순종하심으로 많은 사람이 의인이 되리라(롬 5:19)

아담과 그리스도에 대한 평행 구절을 볼 때 '한 사람'인 아담과 '한 사람'인 그리스도는 동일 선상에서 서로 동등하게 붙어 있지 않은 것이 분명하다. '한 사람'인 그리스도는 '한 사람'인 아담보과 훨씬 더 위대하다.

벌카워(G. C. Berkouwer)는 여기서의 강조점을 다음과 같이 지적한다.

바울이 마치 그리스도가 단순히 아담으로 인해 과거에 무너졌던 것을 회복하는 것처럼 아담과 그리스도 사이에 단순한 유비를 만들지 않았다.

이러한 연유로 벌카워는 바울이 은혜의 선물(은사)은 범죄와 같지 않다고 말하는 로마서 5:15을 언급한다.[25]

> 그러나 이 은사는 그 범죄와 같지 아니하니 곧 한 사람의 범죄를 인하여 많은 사람이 죽었은즉 더욱 하나님의 은혜와 또한 한 사람 예수 그리스도의 은혜로 말미암은 선물은 많은 사람에게 넘쳤느니라(롬 5:15).

바울은 은혜의 초월적인 풍성함을 주목하고자 한다. 로마서 5:12-21은 송영(doxology)으로서 5장의 초반 11개 구절에서 이미 암시된 동일한 주제를 보다 깊이 다룬다. 바울은 이제 '은혜의 초유동성'(superfluidity)이라는 맥락 안에

---

[25] G. C. Berkouwer, *Sin* (Grand Rapids, 1971), 508(원 네덜란드 판에 비추어 개정됨). 또한 Nygren, *Commentary on Romans,* 208은 "아담이 되살아난 것"(Adam redivivus)이 아니라고 한다. I. J. du Plessis, *Christus as Hoof van Kerk en Kosmos* (Groningen, 1962), 36과 O. Michel, *Der Brief an die Römer,* 140-141도 보라.

서 아담에 대해 이야기 한다.[26]

 그러나 무엇보다 아담과 그리스도의 차이라는 틀 안에서 둘 사이의 결정적 관계가 인식되어야 한다. 이 관계는 각각 '한 사람'이라는 사실에 기초한다.[27] 아담과 그리스도는 그들에게 속한 모든 이들과 관련하여 독특한 위치에 있다. 그들 각자의 행위, 즉 불순종 행위와 순종 행위는 그들에게 속한 이들에게 결정적인 의미를 지닌다.

> 그런즉 한 범죄로 많은 사람이 정죄에 이른 것 같이
> 한 의로운 행위로 말미암아 많은 사람이 의롭다 하심
> 을 받아 생명에 이르렀느니라(롬 5:18).

 리더보스는 '한 사람'을 통해 죄와 죽음이 이 세상에 들어왔으므로 아담은 오실 자의 모형이 된다고 말한다.[28]

---

[26] Berkouwer, Sin, 509. 또한 W. H. Velema, *Verkennigen in Romeinen* (Den Haag, 1962), 40 참조.

[27] De Vuyst("Oud en nieuw verbond," 197n242)는 바울이 아담과 그리스도가 '모두'에 대한 '한 사람'으로서 각각의 위치가 서로 다른 토대에 기초하고 있다는 사실이 아닌 서로 다른 위치에 있다는 사실에 비추어 둘을 비교한다.

[28] H. N. Ridderbos, *Paul*, trans. J. R. de Witt (Grand Rapids, 1975), 96, 98.

펠레마(W. H. Velema)의 말을 빌리자면 아담과 그리스도의 관계는 특별한 구조의 문제, 즉 '한 사람을 통한 모두'(all through one)라는 구조의 문제이다. 그래서 리더보스에 따르면 바울은 아담과 인류 관계처럼 그리스도의 그의 백성의 관계 속에서 동일한 규칙을 발견한다.[29] 남아프리카 학자인 뒤 플레시스(I. J. du Plessis)의 말에 따르면 아담은 단순히 상징적인 알레고리가 아니다. 그는 인류의 조상으로서 그리스도와 대응 관계에 있다.[30]

칼 바르트(Karl Barth)는 로마서 5:12-21 연구를 통하여 모두가 속한 '한 사람'으로서의 아담과 그리스도의 대조적인 관계를 단호하게 부정한다. 바르트에 따르면 이 본문에서 나타나는 바울의 의도는 그리스도의 인간적 본성(human nature)에 대한 비밀과 그 진실을 명확히 하려는 데에 있다.

바르트에 따르면 바울에게 있어 그리스도의 실재는 사람이 스스로를 발견하는 '공간'(space)이나 '영역'(territory)에 관한 논의 대상이다. 심지어 그리스도에 대해 아무 것도 알고 싶지 않은 사람조차 그 안에서 스스로를 발견한다.

---

[29] Velema, *Verkennigen in Romeienen*, 40.
[30] Du Plessis, *Christus as Hoof von Kerk en Kosmos*, 36.

인간적 본성은 그리스도의 인성(humanity)에 포함된다. 따라서 우리는 그리스도의 인성 안에서 사람의 비밀에 관한 열쇠를 찾아야 한다.[31] 바르트는 이런 관점에서 아담과 그리스도의 상호 관계를 정의해 나간다. 분명히 첫 사람인 아담은 실제로는 둘째 사람이며 둘째 사람인 그리스도는 실제로는 첫 사람이다. 고린도전서 15:47의 용어를 빌자면 첫 사람인 그리스도는 '하늘에서'(above) 나셨으며 둘째 사람인 아담은 '땅에서'(below) 났다고 말할 수 있다.

> 첫 사람은 땅에서 났으니 흙에 속한 자이거니와 둘째 사람은 하늘에서 나셨느니라(고전 15:47).

바르트에 따르면 그리스도가 '하늘에서' 나셨으므로 인류는 그분 안에 연합되어 있으며 그에게 속해 있다. 그리스도는 인류의 조상이시며 아담은 겉보기에 조상으로 보일 뿐이다. '땅에서' 난 자인 아담은 조상이 될 수 없다. '하늘에서' 난 자만 그렇게 될 수 있다.[32]

---

31 K. Barth, *Christus und Adam, nach Rom. 5. Ein Beitrag zur Frage nach dem Menschen und der Menschheit* (Zürich, 1952), 50ff.

32 K. Barth, *Christus und Adam, nach Rom. 5.*, 15, 31.

또한 바르트에 따르면 사실상 아담은 '많은 이들 가운데 하나'(primus inter pares)이다. 아담의 과거 모습처럼 아담 이후의 모든 이들이 (우리를 포함하여) '사람'이라 불린다. 그 반대로 생각해도 동일하다. 우리와 모든 사람과 같이 '한 사람' 아담 역시 이미 사람이었으며 또한 사람이다. 사람은 구별되는 개인이자 다른 모든 사람을 대신하는 대표자이다. 사람은 언제나 자신 그리고 다른 모든 사람을 위해 존재한다. 따라서 사실상 아담은 다른 모든 사람을 대표할 수 있지만 그 대표성은 다른 모든 사람이 그를 대표하는 방법과 똑같은 성질의 것이다. 즉 아담은 다른 모든 사람의 역사를 결정할 수 없다. 아담은 그저 모두가 그를 따라서 할 일을 처음으로 했을 뿐이다.[33] 아담과 다른 모든 사람은 동일한 수준, 즉 '땅에서' 난 자들이다. 다른 모든 사람과 대조를 이루는 아담의 위치란 존재할 수 없다.

로마서 5:21-21에 대한 연구에서 바르트의 출발 논점이 잘못되었다는 점이 정확하게 지적되어 왔다. 그는 이 본문에서 인류에 대한 선언을 찾고자 한다. 그러나 이 본문은 아담이 다른 모든 사람을 대표하고 드러내는 것처럼 아담

---

[33] K. Barth, *Christus und Adam, nach Rom. 5*, 53ff.

을 조명하지 않는다. 인간적 본성이라는 비밀의 열쇠인 그리스도의 인성을 조명하지도 않는다.[34] 모든 강조점은 두 개의 서로 다른 행위 다시 말해서 한편에서의 불순종 행위와 다른 한편에서의 순종 행위에 집중된다. 이로 인해 존재론적인 우선성에 관한 모든 사고는 전적으로 바울의 시야 밖에 있다.

렝스펠트(P. Lengsfeld)는 바르트가 역사의 출발점에서 책임 있는 행위에 관해 그리스도의 순종 행위 만큼의 여지를 두지 않았다고 지적한다. 순종과 불순종의 대조는 서로 다른 가치의 존재적 순서가 반영된 것 뿐이다. 바르트의 관점에 나타나는 것은 두 개의 서로 다른 영역, 즉 '하늘' 있는 것과 '땅' 있는 것의 개념을 선호함으로써 역사적 측면을 경시한 것이다.[35]

바르트는 바울이 말하는 것과 정반대로 말하는 것처럼 보인다. 바르트가 볼 때 아담은 '많은 이들 가운데 하나'(primus inter pares)일 뿐이다. 바울이 볼 때 아담은 그에게 속한 모든 이들을 위해 반복될 수 없는 것을 행하는 '한 사람'

---

34 E. Brandenburger, *Adam un Christus. Exegetisch-religionsgeschichtliche Untersuchung zu Römer 5:12-21 (I. Kor. 15)* (Neukirchen, 1962), 270 참조.

35 Lengsfeld, *Adam und Christus*, 188.

이며 그 행위는 그에게 속한 모든 이들에게 결정적이다. 바르트가 아담과 그리스도 사이에 간격이 있다고 지적한 것은 옳다. 앞서 우리 역시도 '한 사람'인 아담과 '한 사람'인 그리스도가 동일 선상에서 동등한 위치에 있지 않다고 결론을 내렸다. 그러나 문제는 그 간격이 어떠한 것인지에 달려 있다. 바울에게 있어 그 간격은 분명히 아담의 행위와 그리스도의 행위 사이의 차이에 달려 있다. 아담과 그리스도의 간격은 불순종 행위와 순종 행위 사이의 차이이며 또한 불순종 행위로 인한 죽음과 순종 행위로 인한 생명의 차이이다.

바르트가 볼 때 간격은 다른 성격에 달려 있다. 간격은 질서상의 간격 혹은 두 영역, 즉 '하늘'과 '땅'에 있는 것의 간격과 관련이 있다.

브란덴버거(E. Brandenburger)의 진술처럼 우리가 언급해야 하는 것은 다음과 같다. 바울이 볼 때 요점은 역사적으로 돌이킬 수 없는 순서 속의 서로 배타적으로 대조되는 것에 있는 반면 바르트에게 있어 요점은 서로 다른 가치의 순서에 있다. 브란덴버거 역시 로마서 5장에서 바울이 역사적으로 첫 사람인 아담에 대해 이야기하며 아담이 후손

들과 역사적 관계 속에 서 있다는 결론에 이르게 된다.[36]

한 가지 더 언급할 필요가 있는 것은 불트만이 바르트에 견해에 대해 던진 날카로운 비평이다. 바르트가 볼 때 아담이 인류의 조상이 아니라 '많은 이들 가운데 한 사람'으로 인류를 대표한다면 불트만이 볼 때 아담은 사실상 사람의 이데아가 된다.[37] 이는 결과물 없이 유지될 수 없다. 아담이라는 인물이 '사람'의 이데아가 된 것처럼 그리스도 역시 불트만에 따르면 하나의 이데아가 된 듯 보인다. 바르트가 그리스도를 '참 사람'(true man)이라 부를 때 그리스도는 여전히 실체적이고 역사적인 사람이 아니라 '참' 사람의 이데아이다. 이와 같은 불트만의 비평은 일리가 있어 보인다. 그러나 로마서 5:12-21에 관한 그의 시각을 따르기는 어렵다.[38]

---

36 Brandenburger, *Adam und Christus*, 272-73.
37 R. Bultmann, "Adam und Christus nach Römer 5," *Exegetica. Aufsätze zur Erforschung des Neuen Testaments,* ed. E. Dinkler (Tübingen, 1967), 444. Bultmann은 그것을 '문제의 소지가 있는' 비신화화라 부른다.
38 R. Bultmann, "Adam und Christus nach Römer 5," *Exegetica. Aufsätze zur Erforschung des Neuen Testaments,* 434에서 Bultmann은 바울이 로마서 5:12에서 최초의 사람에 대해 영지주의적 신화에 가깝게 다가가고 있다는 입장을 견지한다. 또한 Bultmann, *Theology of the New Testament* (New York, 1951), 1:251도 보라. 이와 같은 Bultmann의 생각에 대한 반박은 Ridderbos, *Paul*, 32-35을 보라.

바르트의 실수를 퀴테르트도 똑같이 범한다. 그 역시 로마서 5:12-21에서 바울이 아담을 최초의 범죄자로 묘사한다는 입장을 견지한다. 그는 다음과 같이 말한다.

> 로마서 5:21ff에서 아담이 최초의 죄인이었다는 점이 바울의 주장에 있어서 매우 중요하다…바울의 주장 전체가 아담이 최초의 죄인이라는 점에 의존하고 있다.[39]

최초의 죄인인 아담은 다른 모든 죄인들과 나란히 서 있다. 첫 사람인 아담 안에 모든 사람들 안에 있는 것이 가시화 된다. 따라서 퀴테르트 역시 로마서 5:12-21의 실제적인 논점을 오해하고 있다. 우리는 본문에서 바울이 아담의 불순종이 다른 모든 사람들에게 예증이 될 뿐 아니라 결정적이라고 생각한다는 점을 살펴보았다. '최초의' 죄인이라는 단어는 로마서 5장 전체에서 등장하지 않는다는 점이 정확하게 지적된 바 있다. 여기서 아담은 독특한 위치를 차지하는 '한 사람'으로서 묘사되며 그의 불순종 행위는 그에게 속한 모든 이들에게 결정적인 중요성을 지닌다.

---

[39] Ridderbos, *Paul*, 40.

누군가가 공동체의 우두머리로 처음 죄를 지은 자라
는 문제와 죄의 결과인 죽음으로 향하는 문을 후손들
에게 열어 놓았다는 문제는 서로 다른 문제이다.[40]

누군가 아담과 그리스도의 행위가 어떤 의미에서 그들에게 속한 모든 사람에게 결정적인 중요성을 지니는지 질문한다면 먼저 대표성이라는 개념을 지목할 수 있다. 아담과 그리스도는 모두 '한 사람'으로 불릴 수 있다. 아담과 그리스도 모두 그들에게 속한 인류의 선조로서 그들에게 속한 인류를 독특한 방법으로 대표하기 때문이다. 로마서 5:13-14는 특히 대표성이라는 개념을 지향한다.

> 죄가 율법 있기 전에도 세상에 있었으나 율법이 없었을 때에는 죄를 죄로 여기지 아니하였느니라 그러나 아담으로부터 모세까지 아담의 범죄와 같은 죄를 짓지 아니한 자들까지도 사망이 왕 노릇 하였나니 아담은 오실 자의 모형이라(롬 5:13-14).

---

[40] C. Gilhius, "Kritische kanttekeningen on Kuitert," *Gereformeerd Weekblad* 24 (1969): 182. 또한 J. Helderman, "Ingezonden," *Gereformeerd Weekblad* 24 (1969): 199 참조. 이밖에 du Plessis, *Christus as Hoof van Kerk en Kosmos*, 36을 보라.

바울은 이 구절에서 율법이 아직 없던 아담부터 모세 시대에 아담이 지었던 것과 동일한 범죄는 불가능했다고 역설한다. 이를 통해 우리는 아담부터 모세 시대의 사람들은 분명한 형벌을 동반하는 율법 아래에 있지 않았다는 사실을 이해해야 할 것이다. 이는 아담의 경우와 율법이 모세에게 주어질 때도 마찬가지였다.[41]

뜻하지 않게 바울은 분명 "아담으로부터 모세까지"(롬 5:14)라는 표현으로 고정된 시간, 즉 주어진 역사적 기간에 대해 표현하고 있다. 아담은 그 기간의 출발점에 서있고 모세는 종착점에 서있다. 모세의 경우에 역사적 종착점에서 확실히 나타나는 만큼 아담도 역사적 출발점에서 나타난다.

역사적 시기를 분명히 의미하는 정해진 시간에 대해 바울이 역사적 출발점(아담)이 아닌 역사적 종착점(모세)을 떠올렸을 거라 생각하기는 어렵다.[42]

아담으로부터 모세에 이르는 시기, 즉 율법이 없어 아담

---

[41] Ridderbos, *Romeinen,* 116과 A. F. N. Lekkerkerker, *De brief van Paulus aan de Romeinen* (Nijkerk, 1962), 1:244 참조.

[42] 그래서 John Murray, *The Epistle to the Romans,* I (London-Edinburgh, 1967), 1:190은 '부분 역사'(segment history)에 대해 이야기 한다. F. J. Leenhardt, *L'Epitre de Saint Paul aux Romains* (Neuchatel-Paris, 1957), 85n2은 이와 상이한 입장을 취한다.

의 죄와 동일한 죄가 없던 시대에는 여전히 죽음이 왕노릇 했다. 이에 대해 바울은 율법 이전에 죄가 이미 존재했으며 율법이 없을 때 죄가 전가되지 않는다고 말문을 연다. 다른 가능한 결론은 없다.

바울이 말하는 율법 이전의 죄는 사람들이 지은 실제적인 죄가 아니라 '한 사람'인 아담이 지은 죄, 즉 자신에게 속한 모든 이들에게 결정적인 중요성을 띠는 죄를 의미한다. 이 죄로 인해 죽음이 아담에서 모세까지의 시기에 죄에 대한 형벌이 되었다. 리더보스는 로마서 5:13-14에서 아담이 '모든 이들을 위한 대표자'(representative-for-all)로서의 중요성을 띠며 그가 이 중요성 안에서 오실 자의 모형이 된다고 정확하게 해석한다.[43]

로마서 5:12의 맺음말 역시 5:13-14로부터 분명해진다. 로마서 5:12의 마지막 부분은 다음과 같이 말한다.

> 모든 사람이 죄를 지었으므로 사망이 모든 사람에게 이르렀느니라(롬 5:12).

---

43 Ridderbos, *Romeinen*, 116. 또한 Ridderbos, Paul, 96ff 참조. 추가로 Nygren, *Commentary on Romans*, 214-215와 Murray, *Romans*, 190-191을 보라.

이 말은 모든 사람들의 개인적 그리고 실제적인 죄를 지칭하는 것이 아니라 아담의 죄를 토대로 모든 사람들이 죄인으로 간주된다는 뜻이다. 만일 누군가 우리에게 로마서 5:12의 끝부분에서 개인적 그리고 실제적인 죄에 대해 생각하도록 강요한다면 이 절의 서두에서 언급된 내용이 이와 부딪치게 된다. 더욱이 이는 로마서 5:13-14과도 부딪친다.

로마서 5:12의 끝부분을 개인적 그리고 실제적인 죄라는 의미로 이해하려는 불트만은 로마서 5:13을 '전혀 이해할 수 없는' 구절이라 부른다.[44] 또한 이 본문에 '혼동'(confusion)이 있다고 말한다.[45] 무엇이 먼저 일어났고 무엇이 뒤따라 일어났는지를 토대로 로마서 5:12 끝부분에서 우리는 죽음을 아담의 죄에 대한 형벌과 전가로 생각해야 한다. 아담은 죄를 지음으로써 모든 사람을 대표하게 되었고 그의 죄는 모든 사람에 대해 결정적인 중요성을 띤다.[46]

로마서 5:19 역시 계속해서 대표성 개념을 지목한다.

---

44 Bultmann, *Theology*, 1:252.
45 Bultmann, *Exegetica*, 433.
46 Ridderbos, *Romeinen*, 115ff.; Murray, *Romans*, 184ff.

한 사람이 순종하지 아니함으로 많은 사람이 죄인 된 것 같이 한 사람이 순종하심으로 많은 사람이 의인이 되리라(롬 5:19).

여기서 '된 것 같이'(were made)이나 '되어질'(will be made)로 번역되는 동사들은 '선정된'(were constituted)이나 '선정될'(will be constituted)으로 볼 수도 있다. 문맥 전체를 고려할 경우 사실 후자로 보는 것이 더 정확해 보인다. 여기서 사용된 동사는 70인역[47] 신명기 25:6에서 사용된 방법 그대로 이해되어야 할 것이다.

그 여인이 낳은 첫 아들이 그 죽은 형제의 이름을 잇게 하여 그 이름이 이스라엘 중에서 끊어지지 않게 할 것이니라(신 25:6).

이 동사는 사망한 남편의 이름을 지녀야 하는 수혼제를 통해서 태어난 아들과 관련된다. 그 아들은 첫 남편의 아들로 간주되는데 이는 그가 누구인지가 아닌 율법 앞에서

---

47 70인역은 구약의 고대 헬라어 번역본이다.

의 그의 정체성에 근거한다.[48] 로마서 5:19에서도 그것은 하나님의 판단에 따라 간주되는 '선정된' 죄인과 의인의 문제이다. 문맥 전체를 보면 이는 '죄인'의 개인적인 죄나 '의인'의 개인적인 의로움을 지칭하지 않는다.[49] 로마서 5:19 앞 전체 단락에서 '칭의'와 '의'는 하나님의 전가하신 선물이라는 개념으로 언급된다. 이와 같이 '죄인'으로 선정되는 것은 아담의 죄가 그에게 속한 모든 사람에 대해 지니는 결정적인 중요성을 다룬 이전 구절과 연결된다.[50] '선정되는 것'을 어떻게 이해할 지라는 질문에 대해 리더보스는 이렇게 말한다.

> 다시 한 번 모든 것이 '한 사람' 아담 그리고 '한 사람' 그리스도 안에서 대표되는 많은 사람들에 대한 사실로 모아진다.[51]

---

[48] Ridderbos, *Romeinen*, 122 참조.

[49] 예를 들면, Berkouwer, *Sin,* 499ff에서도 동일한 입장이 보인다. A. Oepke(*TDNT,* 3:445-46)는 '사실상의' 죄와 의(아담과 그리스도) 및 단어의 윤리적 의미에서 죄인과 의인으로서의 '실제' 존재에 대해 이야기할 때 법정적, 윤리적 관점의 조합을 제공한다.

[50] S. Greijdanus, *De brief van den apostel Paulus aan de gemeente te Rome* (Amsterdam, 1933), 1:289-90; J. A. C. Van Leeuwen-D. Jacobs, *De brief aan de Romeinen* (Kampen, 1952), 118-19; Ellis, *Paul's Use of the Old Testament,* 60; Ridderbos, *Romeinen,* 122; idem., *Paul,* 98ff.

[51] Ridderbos, *Romeinen,* 122.

우리가 볼 때 '한 사람'이 '많은 사람'을 대표한다는 것은 '많은 사람'과 '한 사람'의 '공동 연대'(corporate solidarity)에 근거하고 있지 않다. '공동 연대'라는 표현은 '많은 사람'이 '한 사람' 안에 포함된다는 것을 의미한다. 따라서 '한 사람'은 '집합 인격'(corporate personality)으로 묘사될 수 있다.

이러한 개념이 성경 해석에서 보편적으로 수용되도록 만든 사람이 바로 해돈 로빈슨(H. W. Robinson)이다. 로빈슨은 바울이 로마서 5:12-21에서 아담과 그리스도에 대해 이야기하는 것을 이해하는 데 있어서 이 개념이 가장 중요하다고 보았다.[52]

그러나 이 '집합 인격' 개념에 변함없이 나타나는 것은 '한 사람'(공동 인격)과 '많은 사람'(그에게 포함된 모든 사람) 사이에 나타나는 일종의 상호성(reciprocity)이다. '한 사람'과 '많은 사람'은 로빈슨이 말하는 것처럼 서로에게 영향을 준다. '한 사람'에 대해 이야기 되는 것은 '많은 사람'에 대해서도 이야기 될 수 있으며 역으로도 동일하다.[53] 그러나 이

---

[52] H. W. Robinson, "The Hebrew Conception of Corporate Personality," *Werden und Wesen des Alten Testament* (*Zeitschrift für die altestamentliche Wissenschaft*, 66 [1966]):57.

[53] Robinson, "The Hebrew Conception of Corporate Personality," 53은 '개인으로부터 공동체로의 이동과 그 역방향의 이동의 유동성'이 있다고 말한다.

와 같은 '한 사람'과 '많은 사람' 사이의 쌍방향적 '상호성'은 로마서 5:12-21에서 대표적인 개념으로 나타나지 않는다. 이 본문에서 '한 사람'은 '많은 사람'을 결정하며 역방향의 결정은 있을 수 없다.[54] 이에 덧붙여 '집합'이라는 개념은 존재하는 실재를 표현한다. 누군가 '집합 인격'에 포함된다면 그는 그 '집합 인격' 안에 어떤 방법으로든 실제로 존재한다고 간주된다.[55]

'집합'이라는 개념이 대표성이라는 개념과 연결될 수 없다는 점은 분명하다. 특히 우리처럼 대표성을 '간주되는 것'(being reckoned)의 의미로 이해할 경우 그렇다. 벌카워의 다음과 같은 말은 옳다.

> 법정 심판으로 간주되는 것으로 그 집합(실재로서의)이 존재할 수는 없으며 원칙상 철폐된다. 적어도 전가를 실재하지 않던 것에 연결시킬 경우 그렇다.[56]

---

54 Floor, *De nieuwe exodus*, 165-166도 참조.

55 이에 대해 설득력 있는 예를 보려면 Robinson("The Hebrew Conception of Corporate Personality", 49ff, 54, 58ff)을 참조하라. 이와 관련하여 Robinson은 '한 사람' 안에 '많은 사람'이 실제로 존재한다는 것을 반복해서 이야기 한다.

56 Berkouwer, *Sin*, 517(네덜란드 판에 비추어 개정됨).

플로어(L. Floor)는 우리가 '집합'이라는 단어를 대표성 개념에 관련되어서 사용해서는 안 된다고 말한다.[57]

'한 사람'을 통해 '많은 사람'을 대표한다는 것은 '많은 사람'과 '한 사람'의 '공동 연대'에 달려 있지 않고 하나님이 정하신 구조에 달려 있다. 리더보스는 아담과 그 후손의 연합이 '인류의 창조와 구속 안에 하나님이 정하신 구조'에 달려 있다는 점을 정확히 간파한다.[58] '한 사람'인 아담의 불순종 행위가 그에게 속한 모든 사람과 상관이 있다는 것은 '한 사람'이 행한 것이 '많은 사람'에게 전가되도록 하나님이 정하셨다는 사실 때문이다. 이와 똑같은 이야기를 그에게 속한 모든 이들의 '한 사람' 즉 그리스도의 순종 행위에 대해서도 해야 한다.

이런 점에서 우리가 아담을 그리스도의 모형으로 본 것은 완전히 타당하다는 결론이 나온다. 그리스도 안에서 하나님은 아담에게도 유효했던 '한 사람을 통한 모두'(all through one)라는 구조를 주권적 신실함으로 유지하신다. 또한 하나님은 그리스도 안에서 이 구조가 완전히 성취되도록 만드신다.

---

57 Floor, *De nieuwe exodus*, 166.
58 Ridderbos, *Romeinen*, 114.

바로 이런 점에서 아담은 그리스도의 모형이다. '교수 모델'로서의 아담의 특징은 분명 로마서 5:12-21의 중심적 위치를 차지하고 있는 대표성 개념을 제대로 설명하지 못한다.

누군가 '교수 모델'의 역할을 한다면 그 사람의 독특한 위치에 대해 아무런 말도 할 수 없게 된다. 아담의 위치는 '한 사람'으로 옛 인류의 대표적 조상이라는 점에서 독특하다. 이런 이유로 '교수 모델' 개념은 적어도 로마서 5:12-21과 관련하여 전적으로 배제된다.

이제 우리는 아담에 대해 이야기하는 다른 신약성경 본문을 보다 간략히 살펴 볼 것이다.

아담의 창조

Adam in the New Testament

제3장

기타 신약성경 자료

1. 누가복음 3:38

누가복음 3:38에서 아담은 예수님의 족보 안에서 언급된다. 누가복음 3장에서 언급된 족보의 마지막 부분은 다음과 같다.

> 그 위는 에노스요 그 위는 셋이요 그 위는 아담이요
> 그 위는 하나님이시니라(눅 3:38).

누가복음 3:23-28에 기록된 예수님의 족보 이외에도 또 다른 족보가 마태복음 1:1-16을 통해 우리에게 전달되었다. 이 두 족보의 비교는 다윗의 후손과 관련하여 전혀 다른 이름이 언급되는 어려움을 밝혀준다. 마태복음 1장에서 다윗 이후의 족보가 그의 아들 솔로몬을 통해 이어지

며 누가복음 3장에서는 아들 나단을 통해 이어진다.

> 이새는 다윗 왕을 낳으니라 다윗은 우리야의 아내에
> 게서 솔로몬을 낳고(마 1:6).

> 그 위는 멜레아요 그 위는 멘나요 그 위는 맛다다요
> 그 위는 나단이요 그 위는 다윗이요(눅 3:31).

이 난해 구절에 대해 가능한 설명은 마태복음 1장은 요셉의 조상을 추적하는 예수님의 족보를 보여주는 반면 누가복음 3장은 마리아의 조상 족보를 따른다는 것이다.[1]

두 족보에 나타나는 서로 다른 이름에 대해 어떤 설명을 시도하든, 우리의 관심사는 예수님의 다른 두 족보가 존재한다는 사실이 어떤 족보의 역사적 신빙성도 손상시키지 않는다고 명확하게 설명할 수 있다는 점이다. 또한 복음서

---

1 예를 들면, J. de Zwaan, *Het evangelie van Lucas* (Groningen-Den Haag, 1922), 70, N. Geldenhuys, *Commentary on the Gospel of Luke* (London, 1956), 151도 동일한 입장이다. 또한 고대 교회에서 Tatian도 똑같은 견해를 밝혔다. 특별히 흥미로운 견해를 T. Zahn, *Das Evangelium des Lucas* (Leipzig, 1913), 210-215에서 찾아 볼 수 있다. Zahn은 마태복음과 누가복음이 모두 요셉의 계열 안에서 예수님의 족보를 보여준다는 입장을 취한다. 그는 Sextus Julius Africanus(3세기)를 언급하며 그에 따르면 요셉의 아버지는 수혼제로 인해 야곱(마 1장)과 헬리(눅 3장)였다.

가 기록될 당시 예수님의 가족들이 살아있어서 그 족보를 수정할 수도 있었다는 사실을 파악하는 것이 어렵다는 점 역시 우리의 주된 관심사이다.[2]

더욱이 주전과 주후의 유대교 진영에서 족보는 가장 세심한 주의를 요구했다. 따라서 주후 1세기의 유대교 작가인 요세푸스는 공동 명부에 정식으로 등록되면서 비로소 자신의 족보를 언급할 수 있었다. 요세푸스는 가나안 밖에 살던 유대인들이 그들의 자녀 이름을 예루살렘에 보내어 정식으로 등록시켰다는 이야기를 전한다.[3]

스트라크(H. L. Strack)와 빌러베크(P. Billerbeck)는 탈무드와 미드라쉬에 비추어 해석한 신약성경 주석서에서 신약성경 시대에 신빙성 있는 족보가 존재했다는 데에는 의심의 여지가 없다고 말한다. 고대 유대교 문헌에 이러한 족보들이 명확하게 기록되어 있으며 일부분은 간략한 내용으로 다시 만들어 졌다.[4]

누가는 예수님의 족보에서 아담을 언급하고 있다. 아담

---

[2] T. Zahn, *Das Evangelium des Lucas*, 210; Geldenhuys, *Commentary on the Gospel of Luke*, 152.

[3] Geldenhuys, *Commentary on the Gospel of Luke*, 151과 W. Grundmann, *Das Evangelium nach Lukas* (Berlin, 1961), 111 참조.

[4] H. L. Strack and P. Billerbeck, *Kommentar zum Neuen Testament aus Talmud und Midrasch* (München, 1926), 1:4.

은 다른 이름들과 함께 한 줄을 차지한다. 족보의 특성 및 족보와 결부된 정확성을 고려할 때 누가가 역사적 인물이 아닌 다른 인물로서의 아담을 생각했을 리가 없다. 아담이 하나님의 아들이라고 불리고, 셋이 아담의 아들이라 불린다는 것은 창세기 5:1-3의 반영으로 생각해야 한다. 이 구약 본문은 하나님이 그분의 형상대로 아담을 만드셨고 아담이 그의 형상대로 셋을 잉태했다고 말한다.

우리는 누가가 예수님의 족보를 만들면서 특별한 신학적 목적을 갖고 있었고 단순히 흥미로운 족보상의 사실을 제공하는 것 그 이상을 의도했다는 사실에 대해서 부인하지 않는다. 마태가 아브라함까지만을 언급하는 반면에 누가가 예수님의 족보에서 아담까지 거슬러 올라간다는 것은 누가가 기록한 복음서의 보편적 구상과 전체적으로 일치한다. 누가는 모든 국가와 사람에 대한 예수님의 중요성을 명확히 언급하고 싶었고 마태는 무엇보다 예수님을 유대인들의 약속된 메시아로 보여주길 원했다. 누가가 족보를 아담까지 확장한 것은 누가복음의 의도와 완벽하게 일치한다.[5]

---

[5] J. Schmid, *Das Evangelium nach Lukas* (Regensburg, 1960, 102과 Geldenhuys, *Commentary on the Gospel of Luke*, 153 참조.

이밖에 누가는 예수님을 새 인류의 창시자인 둘째 아담으로 기술하고자 했다.[6] 그룬트만(W. Grundmann)은 누가복음의 족보가 77명(7명씩 11대)으로 구성되었다는 사실로부터 이를 유추해 낼 수 있다고 말한다. 그는 여기서 유대인의 '12주 묵시 사상'의 틀을 찾자고 제안한다. 그에 따르면 예수님은 11번째 세상의 끝부분에 서 있으며 12번째이자 마지막 시대, 즉 종말을 시작하는 자로 태어나신다. 그와 함께 새로운 종말론적 인류가 시작되는 것이다.[7]

족보를 전체적으로 다시 만들지 않으며 독특하게 양식을 구성한다는 점은 마태복음에서 명확히 드러난다.[8] 물론 이러한 점이 누가복음에서 전혀 없다고는 볼 수 없다. 따라서 누가만의 기록의 바탕이 되는 특정한 틀이 더 이상

---

6 Zahn, *Das Evangelium des Lucas*, 220-21, de Zwaan, *Het evagelie van Lucas*, 71, A Schlatter, *Das Evangelium des Lukas, aus seinen Quellen erklärt* (Stuttgard, 1931), 219-19, A. Schlatter, *Die Evangelien nach Markus und Lukas* (Stuttgart, 1947), 199, Grundmann, *Das Evangelium nach Lukas*, 111도 같은 입장이다. 이와 관련하여 Zahn도 바로 뒤이어 나오는 광야 시험 단락을 언급하며 여기서 예수님이 둘째 아담으로 간주되시는 것 같다고 말한다. 왜냐하면 아담이 넘어진 유혹 가운데에서 예수님은 견고히 서 계시기 때문이다. Boertien, "De joodse achtegrond van het parallel Adam/Christus in het N.T.," 215 참조. Schmid, *Das Evangelium nach Lukas*, 102는 다른 견해를 보인다.

7 Grundmann, *Das Evangelium nack Lukas*, 111.

8 예를 들면, 마 1:8에서 특정 족보의 생략한 것 참조.

불가능하지 않다. 그가 족보를 다시 만들면서 가졌을 신학적 목적이 무엇이든 (그 신학적 목적은 분명히 존재하지만) 그 족보의 진정성과는 상반되지 않는다. 족보의 특징은 역사적 인물을 언급한다는 점이다. 누가의 신학적 목적은 그 족보의 진정한 특성을 훼손하지 않으며 오히려 그 진정한 특성에 기초한다.

2. 고린도전서 15:22, 45

고린도전서 15장에서 바울은 아담이 언급된 로마서 15:12-21의 문맥과 상당히 흡사한 맥락에서 아담을 언급한다.

> 아담 안에서 모든 사람이 죽은 것 같이 그리스도 안에서 모든 사람이 삶을 얻으리라(고전 15:22).

> 기록된바 첫 사람 아담은 생령이 되었다 함과 같이 마지막 아담은 살려 주는 영이 되었나니(고전 15:45).

로마서 5장과 마찬가지로 고린도전서 15장에서도 아담과 그리스도는 그들에게 속한 모든 사람의 대표적 머리로 설명된다. 이는 고린도전서 15:22과 관련하여 특히 더 확실하게 드러난다. 아담과 그리스도는 개인이 아니라 '모든 사람'에 대하여 그들이 지닌 결정적인 중요성과 관련되어 언급된다. 고린도전서 15:20은 그리스도에 대하여 이야기하는데 그분은 잠자는 자들의 첫 열매로 죽은 자들 가운데 부활하셨다.

> 그러나 이제 그리스도께서 죽은 자 가운데서 다시 살아나사 잠자는 자들의 첫 열매가 되셨도다(고전 15:20).

대표성이라는 개념은 '첫 열매'라는 개념과 떨어질 수 없는 관계에 있다.[9] 그리스도의 죽은 자들로부터의 부활은 그에게 속한 모든 사람들의 부활에 대해 결정적인 중요성을 띤다. 이제 그리스도가 대표적인 첫 열매로 부활했으므로 그에게 속한 모든 사람들의 미래적 부활이 가능해졌을 뿐 아니라 확실해졌기 때문이다.

대표적인 첫 열매인 부활의 그리스도 안에서 새 피조물

---

9 *Het heden van de toekomst* (Kampen, 1969), 8ff을 보라.

의 새 생명이 이미 이 세대에 들어왔다.[10]

이와 동일한 틀 안에서 아담이 언급된다. 죽음을 들여온 '한 사람'은 죽은 자들의 부활을 가져온 '한 사람'과 같은 선상에 서 있다.

> 사망이 한 사람으로 말미암았으니 죽은 자의 부활도 한 사람으로 말미암는도다(고전 15:21).

아담은 여기서 한 개인이 아니라 그에게 속한 모든 이들을 대표하는 조상으로 묘사된다.[11]

고린도전서 15:45의 아담과 그리스도는 15:22과 다르게 이야기되지 않는다. 고린도전서 15:48-49의 단어들은 15:45에 나오는 단어들을 반복한다.

---

10 Ridderbos, *Paul*, 57도 같은 입장이다. 또한 H. Sasse, *TDNT*, 1:207, N. A. Dahl, *Das Volk Gottes. Eine Untersuchung zum Kirchenbewusstsein des Urchristentums* (Oslo, 1941), 217, N. Q. Hamilton, *The Holy Spirit and Eschatology in Paul* (Edinburgh, 1957), 17, O. Cullmann, *Christ and Time*, rev. ed. (Philadelphia, 1964), 236, H. Schwantes, *Schöpfung der Endzeit. Ein Beitrag zum Verständnis der Auferweckung bei Paulus* (Stuttgart, 1962), 62, 79 참조.

11 O. Kuss, *Die Briefe an die Römer, Korinther und Galater* (Regensburg, 1940), 188; J. A. Schep, *The Nature of the Resurrection Body. A Study of the Biblical Data* (Grand Rapids, 1964), 176.

무릇 흙에 속한 자들은 저 흙에 속한 자와 같고 무릇 하늘에 속한 자들은 저 하늘에 속한 이와 같으니 우리가 흙에 속한 자의 형상을 입은 것 같이 또한 하늘에 속한 이의 형상을 입으리라(고전 15:48-49).

'흙에 속한 자'는 분명 '첫 사람'인 아담을 의미하고 '하늘에 속한 이'는 마지막 아담인 그리스도를 가리킨다. 여기서도 아담과 그리스도는 그에게 속한 모든 이들, 즉 각각 '땅에 속한 이들'과 '하늘에 속한 이들'을 대표하는 조상으로 기술된다.[12] '땅에 속한 자' 아담은 '땅에 속한 이들'을 규정하고 '하늘에 속한 이' 그리스도 역시 '하늘에 속한 이들'을 규정한다.

고린도전서 15장에 나오는 아담과 관련된 본문에 대해서도 로마서 5:12-21에 대하여 말했던 것과 동일하게 말할 수 있다. 아담이 대표적인 조상으로 지칭되는 곳에서 '교수 모델'을 적용하는 것은 가능하지 않다. 그것은 아담의 독특한 위치를 제대로 설명해 주지 못한다.

---

12 '땅에 속한'과 '하늘에 속한'이라는 표현은 질을 지칭하는 것으로 해석되어야 한다. Pop, *De eerste brief van Paulus aan de Corinthiers*, 397처럼 우리는 '땅에 속한'을 '썩게 되는'으로, '하늘에 속한'은 '썩지 않는,' '영광스러운,' '능력 있는'으로 해석해야 할 것이다.

바울이 아담을 언급하는 고린도전서 15:45에서 그를 '첫 사람 아담'으로 부르는 것은 놀라운 일이다.

> 기록된 바 첫 사람 아담은 생령이 되었다 함과 같이 마지막 아담은 살려 주는 영이 되었나니(고전 15:45).

바울이 고린도전서 15:45에 70인역 창세기 2:7을 가져오면서 '첫'과 '아담'을 추가한 것 또한 놀라운 일이다.

> 여호와 하나님이 땅의 흙으로 사람을 지으시고 생기를 그 코에 불어넣으시니 사람이 생령이 되니라 (창 2:7).

이러한 추가는 바울이 일반적인 '사람'을 지칭하는 것이 아니라 특정한 사람, 즉 인류 역사의 출발점에 서 있던 사람인 아담을 지칭한다는 점을 강조하려는 목적이 있다.[13] 추가된 표현은 아담이 단순히 '사람'의 모델이 아니라 인류 역사상 특별한 위치에 있는 특별한 사람이었다는 사실을

---

13 Schep, *The Nature of the Resurrection Body*, 173과 Grosheide, *Commentary on the First Epistle to the Corinthians*, 386도 같은 입장이다.

분명하게 보여준다.

고린도전서 15장과 관련하여 중요한 문제를 하나 더 언급할 필요가 있다. 그것은 22절에서 '그리스도 안에서'라는 표현과 평행을 이루는 '아담 안에서'라는 표현이다.

> 아담 안에서 모든 사람이 죽은 것 같이 그리스도 안에서 모든 사람이 삶을 얻으리라(고전 15:22).

'그리스도 안에서' 혹은 '그리스도 예수 안에서'라는 표현은 바울 서신에서 반복 등장하며[14] '아담 안에서'라는 표현의 기저를 이룬다. 따라서 '아담 안에서'라는 표현은 '그리스도 안에서'라는 표현으로 설명되어야 한다.

다이스만(A. Deissmann)은 '그리스도 (예수) 안에서'라는 표현을 상세히 연구한 최초의 학자이다. 다이스만은 이 표현을 영역적인 의미로 이해하고 '그리스도 안에' 있다는 것은 그리스도 안이라는 영역에 존재하는 것을 의미한다고 생각했다.[15] 이와 관련하여 다이스만은 우리가 들이마시는

---

14 바울이 이 표현을 사용한 것에 대해서는 F. Neugebauer, *In Christen. Eine Untersuchung zum paulinischen Glaubensverstandnis* (Göttingen, 1961)을 보라.

15 A. Deissmann, *Die neutestamentliche Formel "in Christo Jesu"*

공기를 예로 들면서 공기가 우리 '안에' 있고 우리를 채우지만 동시에 우리는 그 공기 '안에서' 살고 숨 쉰다고 설명한다.[16]

신비주의적 의미가 이러한 영역 개념에 포함된다. '그리스도 안에서'를 영역적인 의미로 이해할 때 비로소 그리스도인들과 살아계신 그리스도 사이의 가장 밀접한 교제를 나타내는 전형적인 바울의 표현이 된다는 것이 다이스만의 생각이다.[17]

다이스만의 견해는 엄청난 영향을 끼쳤다. 다이스만이 '그리스도 (예수) 안에서'라는 표현이 등장하는 모든 예문을 '한결같이' 영역적인 의미로 이해한 사실에 대해서는 비평이 제기되지만[18] 기본 요점에 관해서는 추종하는 이들이 상당히 많았다.[19]

우리가 볼 때 영역과 신비주의적 측면에 관하여 다이스

(Marburg, 1892), 87.

16 A. Deissmann, *Paulus, Eine kultur-und religionsgeschichtliche Skizze* (Tübingen, 1911), 87.

17 Deissmann, *Formel*, 98.

18 관련 비평에 대해선, A. Oepke, *TDNT*, 2:541-42, A. Wikenhauser, *Die Christusmystik des Apostels Paulus* (Freiburg, 1956), 7을 보라.

19 Wikenhauser(ibid., 9)는 해당 표현의 신비주의적 의미를 주장하는 Deissmann의 관점을 따르는 반면 Oepke(*TDNT*, 542)는 Deissmann이 말하는 영역 개념을 수용한다.

만이 제시한 방법은 '그리스도 (예수) 안에서'라는 표현을 설명하기 위한 좋은 방법은 아니다.

노이게바우어(F. Neugebauer)가 이보다 더 나은 방법을 제시했다. 그는 '그리스도 (예수) 안에서'의 전치사 '안에'(in)를 영역적인 개념이나 신비주의적 의미가 아닌 '역사적으로', 즉 이 전치사가 한 사건을 지칭하고 있다는 해석을 제시했다.[20] 그는 '그리스도 (예수) 안에서'라는 표현이 지칭하는 그리스도가 십자가에 달리신 그리스도이자 부활하신 그리스도라는 사실로부터 논증을 시작한다.[21]

노이게바우어는 이러한 출발점에 기초하여 우리가 볼 때 옳은 주장을 개진한다. 즉 그리스도 안에 '있는 것'은 존재론적인 상황을 의미하는 것이 아니라 그리스도의 '모두를 위한 단번의 사역'(once-for-all work)으로 결정된 사실과 그 사건에 수반되는 것을 의미한다는 것이다. 이러한 의미는 고린도후서 5장의 맺음 구절에서 특별히 명확해지는데 무엇보다 유명한 고린도후서 5:17을 보면 분명해진다.

---

[20] Neugebauer, *In Christo*, 148. F. Neugebauer, "Das Paulinische 'in Christo,'" *New Testament Studies* 4 (1957-58): 138도 참조. 이와 관련하여 Neugebauer가 사용하는 용어는 'geschichtlich'이다.

[21] Neugebauer, *In Christo*, 44ff.

> 그런즉 누구든지 그리스도 안에 있으면 새로운 피조물이라 이전 것은 지나갔으니 보라 새 것이 되었도다 (고후 5:17).

노이게바우어가 말하듯 이 구절은 이렇게 의역되어야 한다.

> 누구든지 그리스도의 십자가와 부활로 확정되고 이 사건에 개입되어 그리스도와 함께 죽고 부활했으면 그는 이제 새로운 피조물이며 이전 것은 완전히 지나간 것이다.[22]

이런 의미에서 '그리스도 안에서'와 '아담 안에서' 사이에 평행 관계가 성립된다. '아담 안에서'라는 표현 역시 영역이나 신비주의적 개념으로 해석되어서는 안 된다. '아담 안에서'는 '아담이 행한 것으로 인해 결정된'이라는 뜻을 가지고 있다.[23]

---

[22] Neugebauer, *New Testament Studies* 4, 132. M. Bouttier, *en Christ. etude d'exegese et de theologie pauliniennes* (Paris, 1962)도 Neugebauer와 똑같은 생각을 한다.

[23] Schep, *The Nature of the Resurrection Body*, 180과 Ridderbos, *Paul*, 60ff도 보라.

여기서 문맥은 아담이 대표적 조상이라는 개념이다. '교수 모델'은 전치사 '안에'가 지닌 '역사적' 중요성을 제대로 이해하고 있지 못할 뿐만 아니라 충분히 설명하지 못한다. '교수 모델' 안에서는 역사적 요소가 결정적인 중요성을 지니지 않기 때문이다.

'그리스도 (예수) 안에서'라는 표현에서 중요한 요점은 바로 그리스도의 십자가와 부활을 통해 결정된다는 점이다. 마찬가지로 '아담 안에서'라는 표현에서 중요한 요점은 바로 세상에 죽음을 가져 온 아담의 불순종에 의해 결정된다는 점이다.

3. 디모데전서 2:13-14

디모데전서 2장과 3장에는 공동체 삶과 관련된 다양한 규칙이 등장한다. 남자 뿐만 아니라 여자도 공동체의 공예배에 참여한다. 바울은 디모데전서 2:8에서 남자들에 대해 언급한 후 2:9에서 다음과 같은 말을 이어간다.

> 그러므로 각처에서 남자들이 분노와 다툼이 없이 거
> 룩한 손을 들어 기도하기를 원하노라 또 이와 같이 여
> 자들도 단정하게 옷을 입으며 소박함과 정절로써 자
> 기를 단장하고 땋은 머리와 금이나 진주나 값진 옷으
> 로 하지 말고(딤전 2:8-9).

이를 근거로 바울이 여성을 남성처럼 공동체 모임의 참석자들로 인식한다는 사실을 명확히 알 수 있다.[24] 그러나 여성은 공예배에서 나름대로의 위치가 있으며 그 위치는 분명한 한계를 지니고 있다. 디모데전서 2:11-12에서 바울은 말한다.

> 여자는 일체 순종함으로 조용히 배우라 여자가 가르
> 치는 것과 남자를 주관하는 것을 허락하지 아니하노
> 니 오직 조용할지니라(딤전 2:11-12).

이러한 여성의 위치가 의미하는 것은 그들이 공예배에서 가르치지 않는다는 점이다. 가르침은 공동체에 권위로

---

24 Ridderbos, *De pastorale brieven* (Kampen, 1967), 85도 같은 생각이다.

주어지므로 가르침을 준다는 것은 여성이 남성에 대해 여성의 위치에 걸맞지 않은 지위를 부여받는다는 뜻이다.[25]

바울은 디모데전서 2:12에 이어 창조와 타락에 대해 이야기하며 아담과 하와라는 이름을 사용한다. 여성이 공동체 안에서 가르침으로써 남성에 대한 권위를 행사할 수 없다는 것을 증명하기 위해 바울은 두 가지 주장을 개진한다. 한 가지 주장은 디모데전서 2:13에 나온다.

> 이는 아담이 먼저 지음을 받고 하와가 그 후며
> (딤전 2:13).

그리고 또 다른 주장은 디모데전서 2:14에 나온다.

> 아담이 속은 것이 아니고 여자가 속아 죄에 빠졌음이라
> (딤전 2:14).

---

25 C. Bouma, *De brieven van den apostel Paulus aan Timotheus en Titus* (Kampen, 1953), 63은 바울이 여기서 남성 전체를 지배하는 여성 대해 생각하는 것이 아니라 공동체 모임에서 발생한 특정 사건에 대해 생각한다는 올바른 판단을 내린다. "그 가르침은 권위로 말하는 특성, 다스림의 특성, 여성이 해서는 안되는 것을 담고 있다."

이러한 아담에 대한 언급은 '교수 모델'이라는 용어를 사용하여 의도하는 의미에 매우 가깝다. 아담과 하와의 관계는 본문의 표현을 빌자면 공동체의 공예배에서 남성과 여성 관계의 한 '모델'로 묘사된다. 아담과 하와의 관계는 공동체 안에서의 관계가 지녀야 할 특성을 보여주고 또한 '가르친다.'

그러나 이것으로 모든 것이 이야기 된 것은 아니다. 우리가 살펴보았던 것처럼 역사적 요소는 '교수 모델' 개념에서 본질적인 중요성을 지니지 않기 때문이다. 문제는 '교수 모델'의 마지막 특성이 바울이 디모데전서 2:13-14에서 아담과 하와에 대해 말하는 것과 일치하는지의 여부이다. 스코트(E. F. Scott)가 자신의 목회서신 주석서에서 고대에 창세기의 이야기 실제 역사를 다루고 있다고 간주되었지만 여기서 역사적 요소는 크게 중요하지 않았다는 사실을 염두에 두어야 한다고 해석할 때 이를 옳다고 볼 수 있는가?[26] 우리가 볼 때 그렇게 이야기 할 수 없다. 디모데전서 2장의 아담과 하와에 대한 언급에서 역사적 요소가 바울 자신에게 중요하지 않다고 한다면 그의 관심사는 아담

---

26 E. P. Scott, *The Pastoral Epistles* (London, 1948), 27.

과 하와의 '이야기'가 보여주는 '보편적으로 타당한 진리'에 있다고 밖에 할 수 없다.

그러나 바울은 어떤 보편적으로 타당한 진리에서 출발하는가? 여성에 대한 남성의 타고난 우월성이라는 보편적으로 타당한 진리인가?(딤전 2:13) 아니면 여성이 유혹에 보다 취약하다는 보편적으로 타당한 진리인가?(딤전 2:14).

예를 들면, 슐라터(A. Schlatter)는 다음과 같이 주장한다.

> 바울은 남성의 상대적 우월과 유혹에 대한 여성의 상대적 취약성에 대해 이야기 한다.[27]

이것은 슈멜리크(E. L. Smelik)에게서도 분명히 나타난다.

> 이러한 진실은 존재한다. 에덴동산 이야기는 여성이 삶 전체에 걸쳐 위협하는 위험을 주의하도록 한다. 여성은 쉽게 오도되며 쉽게 오도한다. 예리한 분별은 대체적으로 여성의 일반적 자질이 아니다.[28]

---

27 A. Schlatter, *Die Briefe an die Thessalonischer, Philipper, Timotheus und Titus* (Stuttgart, 1950), 143.
28 E. L. Smelik, *De brieven van Paulus aan Timotheus, Titus, en Filemon* (Nijkerk, 1961), 42.

그러나 보편적으로 타당한 진실이라는 여성에 대한 남성의 타고난 우월성 그리고 유혹에 대한 여성의 상대적 취약성은 성경 어디에서도 찾아볼 수 없다. 후자의 경우에만 국한시켜 보면 여성은 왜 남성 보다 유혹에 취약해야 하는가? 유혹에 대한 개방성은 슈멜리크가 주장하는 것처럼 남성 보다는 여성과 관련이 있는가? 이와 같은 이야기는 성경에서 찾을 수가 없고(예를 들면 롬 3:10-18 참조) 보편적으로 타당한 진실이 될 수 없다.

그래서 바울은 디모데전서 2:13-14에서 아담과 하와가 나타내는 보편적으로 타당한 진실로부터 출발하는 것이 아니라 분명한 역사적 사실로부터 출발한다.[29] 여성에 대한 남성의 타고난 우월성이 보편적으로 타당한 진실이라고 이야기하는 구절은 없지만 아담이 먼저 지어졌다는 사실에 관해서는 분명히 언급된다. 마찬가지로 여성이 유혹에 보다 취약하다는 것이 보편적으로 타당한 진실이라고 말하지 않지만 하와가 먼저 유혹에 빠졌다는 사실은 언급된다.

---

29 Bouma, *De brieven van den apostel Paulus aan Timotheus en Titus*, 63 참조. 또한 '출발점의 역사'에 대해 이야기하는 Ridderbos, *Paul*, 462도 보라.

이 사실들은 실제적인 예로서 중요성을 지니고 있다. 그러나 누군가 디모데전서 2:13-14에 관해 '교수 모델'을 이야기하고 싶어 한다면 어떤 경우에도 그 '교수 모델' 안에서 역사적 요소가 간과되는 요소가 아님을 분명히 해야 한다. 존재하지 않는 보편적 진리에 좌초하지 않으려면 역사적 요소를 고수해야 할 것이다.

'교수 모델'은 역사와 관련하여 경쟁적인 위치에 있지 않다. 그것은 양자택일(either-or)의 문제가 아니라 양자 모두를 선택(both-and)해야 하는 문제이다.

4. 유다서 1:14

유다서는 거짓 교사들을 향해 엄중히 경고하고 독자들에게 그 거짓 교사들에 맞서 견고히 서라고 권고한다. 이와 관련하여 유다는 에녹과 (이따금씩) 아담을 언급한다.

> 아담의 칠대 손 에녹이 이 사람들에 대하여도 예언하여 이르되 보라 주께서 그 수만의 거룩한 자와 함께 임하셨나니 이는 뭇 사람을 심판하사 모든 경건하지

않은 자가 경건하지 않게 행한 모든 경건하지 않은 일
과 또 경건하지 않은 죄인들이 주를 거슬러 한 모든
완악한 말로 말미암아 그들을 정죄하려 하심이라 하
였느니라(유 1:14-15).

유다서 1:14-15과 특별히 일치하는 본문이 외경 중 하
나인 에녹서에 나온다. 일반적으로 유다가 위 내용을 에
녹서에서 빌려왔다고 추정된다.[30] 그러나 그레이다누스(S.
Greijdanus)는 유다서가 에녹서를 사용했다고 보지 않는다.
그는 관련 내용은 전통적으로 이스라엘 내에 간직되었던
내용이었고 유다와 에녹서의 저자가 각자 독립적으로 그
전승을 따랐다고 추정한다.[31]

유다가 어디서 이 구절을 얻게 되었든지 그에게 에녹은
선지자이며 특정한 역사적 인물이라는 점은 분명하다. 그
가 에녹을 '아담의 칠대 손'(유 1:14)[32]이라 부른 것을 통해 에

---

30 예를 들면, J. Moffat, *The General Epistles. James, Peter and Jude* (London, 1945), 240.

31 S. Greijdanus, *De brieven van de apostelen Petrus en Johannes en de brief van Judas* (Amsterdam, 1929), 636. 또한 S. Greijdanus, *De brief van Judas* (Kampen, 1950), 115 참조.

32 이러한 특징은 에녹서 60:8과 93:3에서도 등장한다. 창 5:3-18과 대상 1:1-3 참조.

녹과 아담 사이에 일정한 역사적 거리가 있음을 알 수 있다. '교수 모델' 개념은 여기서 무용지물이다.

그레이다누스는 이 표현에 '기껏해야 ~ 일 뿐'(still only)이라는 말을 넣어 강조의 의미를 부여하고자 한다. 에녹은 '기껏해야' 아담의 칠대 손'일 뿐'이다. 이렇게 되면 일곱 세대가 났을 뿐인데 심판을 위한 주의 도래가 벌써부터 불신자들에게 선포되었다는 뜻이 된다.[33] 그러나 에녹이 '칠대 손'이라는 정보는 더 깊은 의미 없이 지나가는 말로 언급된 것이다.[34]

---

[33] Greijdanus, *Petrus, Johannes, Judas*, 637; idem., *Judas*, 115.

[34] K. H. Schelkle, *Die Petrusbriefe, Der Judasbrief* (Freiburg-Bassel-Wien, 1964), 163은 일곱이라는 수가 여기서 거룩한 수와 하나님의 은혜의 수로 사용된다고 생각한다.

Adam

in the New Testament

아담의 창조

Adam in the New Testament

제4장

아담에 대한 랍비문헌 자료

다시 말하지만 '교수 모델'을 아담에게 적용하는 것은 유대교 랍비들이 아담을 지칭하는 것과 관련이 있다. 아담은 랍비를 위한 '교수 모델' 기능을 한다고 언급된다. 그리고 아담에 대한 신약성경의 언급(특히 바울의 언급)은 아담에 대한 랍비들의 언급에 비추어 해석되어야 한다고 알려져 있다. 그래서 퀴테르트는 이렇게 말한다.

> 바울은 모든 랍비들처럼 구약을 다룬다…바울이 배운 랍비들은 아담과 하와에 대해 풍성한 신학을 논했다. 과장하지 않고서도, 아담을 신학적 가르침에서 고정 인물로 처음 사용하기 시작한 이들은 바로 랍비들이었다고 말할 수 있다.[1]

---

[1] Kuitert, *Do You Understand What You Read?*, 42.

이러한 내용과 관련하여 상당히 중요한 두 가지 질문이 제기된다.

첫째, 신약성경의 저자들, 특히 바울을 떠올려 볼 때 우리를 설득하려는 일부 주장들처럼 그들이 정말 랍비신학에 그토록 의존적이었는가라는 질문이다.

둘째, 아담이 랍비신학에서 실제로 쿼테르트가 사용하는 개념, 즉 역사적 요소에 대한 관심이 없는 의미에서 '교수모델'로 나타나는지의 여부이다.

바울의 랍비신학 의존에 관해 특히 주목해야 할 점은 랍비문헌에는 첫 사람인 아담과 둘째 (혹은 마지막) 사람인 그리스도(고전 15:45-47)의 평행 관계와 유사한 것이 전혀 없다는 사실이다.

> 기록된 바 첫 사람 아담은 생령이 되었다 함과 같이 마지막 아담은 살려 주는 영이 되었나니 그러나 먼저는 신령한 사람이 아니요 육의 사람이요 그 다음에 신령한 사람이니라 첫 사람은 땅에서 났으니 흙에 속한 자이거니와 둘째 사람은 하늘에서 나셨느니라
> (고전 15:45-47).

쉴레(F. Schiele)는 자신의 흥미로운 소논문에서 랍비문헌에는 '첫째 아담'이라는 표현만 자주 등장한다고 단호하고 확신 있게 주장한다. 그리고 '마지막 아담'에 상응하는 표현은 고대 랍비문헌에 나타나지 않는다고 쉴레는 결론내린다. '첫째 아담'(the first Adam 혹은 Adam, the first)이라는 표현은 백 번이 넘게 나오지만 '둘째 아담,' '마지막 아담,' '미래의 아담'이라는 표현은 나오지 않는다. 이는 '첫째 아담'이라는 표현이 다른 아담과 대조되어 이해될 수 없다는 뜻이 된다.

결과적으로 쉴레에 따르면 랍비에게 '첫째 아담'이란 이후의 모든 사람들과 대조되는 첫 번째 사람을 의미할 뿐이다.[2] 중세 후기에 스페인어로 쓰인 논문 하나가 처음으로 마지막 사람을 메시아라고 진술하지만 이 언어는 분명 기독교에 의존한 것이다.[3] 쉴레가 자신의 연구를 토대로 내린 결론은 고린도전서 15:45-49와의 유사점이 문자든 내용이든 랍비문헌에는 없다는 것이다.[4] 스트라크-빌러베크(Strack-Billerbeck) 역시 쉴레와 동일한 결론을 내린다.

---

2 F. Schiele, "Die rabbinischen Parallelen zu 1 Kor. 15, 45-50," *Zeitschrift für wissenschaftliche Theologie* 24 (N. F. 7, 1899), 23-24.

3 F. Schiele, *Zeitschrift für wissenschaftliche Theologie*, 29.

4 F. Schiele, *Zeitschrift für wissenschaftliche Theologie*, 31.

'둘째'나 '마지막' 사람이라는 용어의 흔적을…어디에
서도 발견할 수 없다.[5]

마찬가지로 랍비문헌과 묵시문학에 관한 헤링(J. Hering)의 판단은 명확하다. 헤링에 따르면 첫째 아담과 둘째 아담의 교리는 유대교 묵시문학이나 탈무드 유대교 어디에서도 발견되지 않는다.[6]

그래서 바울은 첫 사람인 아담과 둘째 아담인 그리스도의 평행 관계를 유대교 묵시문학이나 랍비문헌 어디에서도 빌려오지 않았다. 바울은 이 평행 관계를 다른 자료에서도 가져오지 않았으므로[7] 바울이 직접 마지막 아담이자 둘째 사람인 그리스도 개념을 소개했다고 봐야 한다.[8]

---

5 Strack-billerbeck, *Kommentar zum Neuen Testament aus Talmud und Midrasch*, 3, 477-478.
6 J. Hering, *La Premiere Epitre de Saint Paul aux Corinthiens* (Neuchatel-Paris, 1959), 148.
7 언급할만한 기타 자료로는 Philo의 창세기 1-2장에 대한 해석, 최초의 사람에 대한 영지주의적 신화, 복음서에서 예수님의 자기 호칭으로 사용되는 표현인 '인자' 등이 있다. 바울이 '첫째 아담과 마지막 아담'의 평행 관계를 이 자료 중 어떤 것에서도 빌려오지 않았다는 점을 보여주는 것은 본 연구의 범위를 벗어난다. 필자는 이에 대한 증거를 본인의 논문인 *Christus en de Geest. Een exegetisch onderzoek naar de verhouding van de opgestane Christus en de Geest van God volgens de brieven van Paulus* (Kampen, 1871)에서 제공하고자 했다.
8 Du Plessis, *Christus as Hoof van kerk en Kosmos*, 38; W. D. Davies,

이런 한 가지 예(우리가 생각하기에는 현 주제의 핵심적 예)는 랍비문헌과 바울 사이에 직선을 쉽게 그을 수 없다는 사실을 분명하게 보여준다. 물론 이는 바울이 받은 랍비 훈련이 그의 인격과 말하는 방법에 상당히 영향을 주었다는 사실을 부정하는 것은 아니다. 이와 관련하여 위에서 제기한 두 번째 질문, 즉 랍비문헌에서 아담이 역사적 요소를 고려하지 않고 '교수 모델'로 기능하는지 여부에 관한 질문이 중요하다.

무엇보다 아담이 '첫 사람'으로 불리는 곳에서 다른 모든 사람들과 구분된다는 사실은 방금 살펴본 것과 밀접하게 연결될 수 있다. 아담은 '첫 사람'으로서 다른 모든 사람들 보다 우위에 있으며 그들보다 우선하는 자로 그려진다. '교수 모델'이라는 자격이 여기서 아무런 도움이 되지 않는다는 것은 명백하다.

랍비문헌이 모든 사람에게 본질적인 것은 아담 안에서 가시화된다고 반복 설명한 점에 대해서는 의심의 여지가 없다.[9] '모델'이라는 단어가 그토록 분명한 과학적 색채를

Paul and Rabbinic Judaism (London, 1965), 44; Pop, *De eerste brief van Paulus aan de Corinthiers*, 393.

9 Brandenburger, *Adam und Christus. Exegetisch-religiongeschichtliche Untersuchung zu Römer 5:12-21 (I. Kor. 15)*, 43-44; R. Scroggs, *The Last*

지니지 않았다면 여기서 '교수 모델'에 관해 이야기할 수 있었을 것이다. 그러나 우리에게 중요한 문제는 이와 같은 아담의 중요성이 역사적 인물로서의 중요성과 경쟁 관계에 있는지 아니면 여전히 역사적 인물로서의 중요성을 무관하게 만드는지의 여부에 있다.

랍비문헌에서 이와 같은 내용을 찾을 가능성은 없다. 우선 지적해야 할 것은 랍비들도 아담을 모든 인류의 조상으로 본다는 점이다. 이러한 면에서 아담은 독특한 위치를 점하며 아담을 일반적인 '사람'과 같은 선상에 놓을 수 없게 된다.

데이비스(W. D. Davies)에 따르면 랍비들은 아담의 독특한 위치에 근거하여 결론을 내린다. 바로 모든 인류의 연합은 아담에 기초하며 사랑 계명은 아담에 뿌리를 두고 있다는 것이다.[10] 아담이 모든 인류의 머리이자 조상이기 때문에 모든 인간은 그 안에서 하나이며 모든 인간이 서로에게 속해 있다.

미슈나 산헤드린(Mischna Sanhedrin)은 이렇게 말한다.

Adam. A Study in Pauline Anthropology (London, 1966), 33-34 참조.
10 Davies, *Paul and Rabbinic Judaism*, 53.

그러므로 한 사람이 다음과 같은 가르침을 주기 위해서 세상에 창조되었다. 누구든지 한 영혼이 이스라엘에서 소멸되게 한다면 성경은 그가 마치 온 세상을 소멸시킨 것처럼 죄를 그에게 돌리며, 누구든 이스라엘에서 한 영혼을 살리면 성경은 그가 마치 온 세상을 살린 것처럼 그 공을 전가할 것이다.

사랑 계명은 이로부터 직접적으로 유래한다. 아담의 독특한 위치는 사람들 사이에서 일어나는 사랑, 연합, 평화 계명의 기초로 보인다. 계속해서 미슈나 산헤드린은 이렇게 말한다.

다시 말하지만 단 한 사람이 인류의 평화를 위해 창조되었다. 어느 누구도 자기 친구에게 자신의 아버지가 친구의 아버지보다 위대하다고 말해서는 안 된다.

인류의 머리인 아담에 관한 동일한 개념들이 신약성경 이후의 시대에 나타난 랍비문헌에서 종종 발견된다. 이 문헌은 이전에 믿어진 것을 글로 표현한 것이라 추정된다. 피르케 랍비 엘리제르(Pirke Rabbi Eliezer)은 이렇게 말한다.

찬양 받으실 거룩하신 이는 토라에게 말씀하셨다. "우리 형상을 따라 우리 모양대로 우리가 사람을 만들고"(창 1:26). 토라가 그에게 대답했다. 모든 만물의 주재시여. 주가 지으시려는 사람은 며칠로 제한될 것이며 화가 가득하고 죄의 권세 아래 놓이게 될 것입니다. 주가 그와 함께 오래토록 고통당하지 않으시려면 그 사람이 세상에 나오지 않는 것이 좋습니다. 찬양 받으실 거룩하신 이가 대답하셨다. 내가 이유 없이 "노하기를 더디 하시고", "사랑이 많으시다"고 불리겠느냐? 그리고 거룩하신 이가 세상의 사방에서 첫 사람의 티끌을 모으기 시작하셨다. 왜 사방에서 사람의 티끌을 모으셨는가? 찬양 받으실 거룩하신 이가 말씀하셨다. 만일 사람이 동에서 서에 이르러 혹은 서에서 동에 이르러 와야 한다면 그의 시간은 이 세상으로부터 출발하게 되며 이 땅이 "네 몸의 티끌은 내 것이 아니니 네가 창조된 곳으로 돌아가라"고 하지 않을 것이다. 그러나 (이러한 상황이) 네게 가르치려는 것은 사람이 가고 오는 모든 곳에서, 그가 세상으로부터 그리고 몸의 티끌이 기원한 곳으로부터 떠날 때 그의 끝이 다가온다는 것이다. "너는 흙이니 흙을 돌아갈 것이니라"(창 3:19)고 하신 것처럼 그가 티끌로 돌아간다.

이는 모든 사람이 똑같은 티끌로 만들어졌다는 말이다. 왜냐하면 모든 사람들이 (이 땅의 사방으로부터 모은 먼지로 만들어진) 아담으로부터 왔기 때문이다.[11] 그래서 아담은 모든 사람을 규정한다.

이와 같이 모든 사람을 규정하는 아담의 위치는 아담을 통해 죄가 모든 사람에게 왔다고 말하는 본문에 등장한다. 이러한 개념은 외경에 명확하게 표현되는데 그중에 에스라4서를 언급할 필요가 있다.

에스라4서 4:31에서 아담의 죄는 씨로 묘사되는데 이 씨로부터 다른 모든 불신앙의 추수가 나타난다.

> 태초에 악한 씨앗 알맹이가 아담의 마음에 심겨졌기 때문에 지금까지 얼마나 많은 불신앙의 열매가 열렸으며 추수가 오기까지 얼마나 많이 열리겠느냐
>
> (에스라4서 4:30).

이와 같은 개념은 에스라4서 7장에서 보다 분명히 볼 수 있다.

---

[11] 이것이 대부분 얼마나 엄격하게 실체적으로 이해되었는지를 보여주는 예들에 대해선 Davies, Paul and Rabbinic Judaism, 54-55을 보라.

그리고 내가(에스라) 대답했다. 이는 내 처음이자 마지막 말이다. 이 땅이 아담을 만들지 않았다면 더 좋았을 것이다. 아니면 일단 그를 만들어 낸 후 죄를 짓지 못하도록 제지했다면 좋았을 것이다. 우리가 현재 슬픔 속에 살아야 하고 죽음 후에 형벌을 기다리는 것이 우리에게 어떤 유익인가? 아 아담이여, 무슨 일을 저지른 건가! 죄를 지은 자는 당신이지만 그 타락은 당신만의 것이 아니라 당신의 후손인 우리의 것이기도 하도다!(에스라4서 7:116-118, 다른 계산법에 따르면 46-48).

브란덴버거에 따르면 이러한 글은 에스라4서의 저자가 말하려는 의도를 표현한 것이 아니다.[12] 이 주장이 옳다 해도 이 글에서 표현된 개념들이 에스라4서가 쓰일 당시 존재했다는 것은 어떤 경우든 분명하다.[13] 분명히 아담은 그 위치가 다른 모든 후손에 대해 규정적인 사람으로 생각되었다.

---

[12] Brandenburger, *Adam und Christus. Exegetisch-religionsgeschichtliche Untersuchung zu Römer 5:12-21* (I. Kor. 15), 30ff.

[13] Brandenburger, *Adam und Christus. Exegetisch-religionsgeschichtliche Untersuchung zu Römer 5:12-21*, 36 참조. 이와 관련하여 Apocalypse of Baruch 17:3, 23L4, 48:42ff, 45:15,19도 보라.

엘리스(E. E. Ellis) 역시 이를 랍비문헌에서 발견하는데 여기서 그는 '악한 충동'(the evil impulse)에 대한 랍비의 교리를 지목한다. 랍비에 따르면 두 가지 충동, 즉 착한 충동과 악한 충동이 사람 안에서 늘 싸운다. 엘리스의 견해에 따르면 랍비문헌에서 악한 충동은 아담의 죄 때문에 일어난다.[14] 그러나 여기서 브란덴버거에 대해 제기되어야 할 질문은 그 '악한 충동'이 실제 아담의 죄로 거슬러 올라가야 하는지 또는 그것이 현재 인간 안에 존재하는 무언가를 의미하는지에 대해서이다.[15]

랍비문헌에서 죽음과 관련하여 모든 사람에 대한 아담의 규정적 위치가 분명하게 드러난다. 죽음이 사람에게 온 것은 아담과 아담의 죄를 통해서이다. 랍비 예후다(약 주후 150년)가 이를 분명히 진술한다.

> 너희는 우리에게 그리고 그 이후 모든 세대의 끝까지 태어나는 모든 후손들에게 죽음을 형벌로 가져 온 첫 사람의 자녀들이다.[16]

---

14 Ellis, *Paul's Use of the Old Testament*, 59.

15 Brandburger, *Adam und Christus. Exegetisch-religionsgeschichtliche Untersuchung zu Römer 5:12-21* (I. Kor. 15), 43 참조.

16 Sifre Deut. 32:32.

이 랍비는 계속해서 말한다.

> 단 하나의 계명인 금지 규칙이 아담에게 주어졌으나 그는 그것을 어겼다. 보라! 결과적으로 얼마나 많은 죽음이 그의 세대가 끝나기까지 그와 그의 세대, 그의 세대의 세대에 일어났는가.[17]

"죽음이 그(아담)와 그 후손들에게 임했다"는 표현은 랍비문헌에서 거의 상투적인 문구에 가깝다.[18] 이러한 개념을 우리는 신약성경 시대 이후의 문헌에서야 만나게 되지만 그 개념이 글로 쓰이기 전에 이미 존재했다고 추측해 볼 수 있다. 죽음이 개인의 죄에 대한 형벌로 반복해서 묘사된다는 사실은[19] 죽음에 관한 아담의 독특한 위치와 부딪치지 않는다. 전자와 후자는 모두 사실이다.

결론적으로 랍비문헌은 아담의 독특한 위치를 명확하게 언급한다. 그 독특성은 아담이 서로 다른 측면에서 자신

---

[17] Sifra Lev. 5:17.

[18] Brandenburger, *Adam und Christus. Exegetisch-religionsgeschichtliche Untersuchung zu Römer 5:12-21* (I. Kor. 15), 60.

[19] Strack-Billerbeck, *Kommentar zum Neuen Testament aus Talmud und Midrasch*, 3:228-29 참조.

의 후손에게 규정적이라는 사실로부터 입증된다. 랍비문헌에서 아담을 지칭하는 모든 본문을 '교수 모델' 개념으로 특징지으려 한다면 그 독특한 위치는 제대로 설명되지 않는다.

아담의 창조

Adam in the New Testament

제5장

의도와 의미 사이의 거리

오늘날 우리가 바울의 관점에 얽매이지도 않고 얽매일 수도 없다는 맥락에도 불구하고 바울이 아담을 단순히 일반적 인간의 '모델'이 아닌 역사적 인물로 보았다고 추측되고 있다.

이러한 입장을 펼치는 인물로는 알란 리차드슨(Alan Richardson)이 있다. 오늘날 우리가 더 이상 아담을 역사적 인물로 생각할 수 없다는 점은 리차드슨이 볼 때도 분명한 사실이다. 우리에게 있어 아담은 그저 하나의 개념, 즉 신학적 상징으로의 중요성을 지닌다. 아담은 인류의 연합과 결속을 대표한다. 그는 하나님의 형상대로 창조되었고 하나님께 반역하며 동시에 늘 하나님의 사랑의 대상이다. 그럼에도 리차드슨은 바울이 '의심의 여지없이' 아담을 역사

적 개인으로 생각했다고 확신을 가지고 말한다.[1]

따라서 바울이 당시에 말하고자 한 것과 그의 말이 오늘날 우리에게 의미하는 바 사이에 명백한 차이가 나타난다. 퀴테르트는 그렇게 생각하지 않는다. 그는 아담에 대한 자신의 입장에서 볼 때 바울의 실제 의도에 동의할 수 있다고 생각한다. 퀴테르트에 따르면 바울은 아담 안에서 '교수 모델' 이외의 것은 제공하려 하지 않았다. 그리고 이로 인해 역사적 요소는 매우 부수적인 중요성을 띠거나 완전히 간과되어야 했다.[2]

퀴테르트는 확실히 바울의 의도한 의미를 버리고 싶지 않으며 그것을 충분히 설명하고 싶어 한다. 그러나 그가 바울의 실제 의도에 동의할 수 있다고 생각한 것은 잘못이다. 왜냐하면 우리가 살펴보았듯이 아담 안에 있는 역사적 요소는 퀴테르트가 주장하는 것보다 바울에게 훨씬 더 중요하기 때문이다. 따라서 퀴테르트에게도 **사실상** 아담을 언급한 바울의 의도와 그 언급이 오늘날 우리에게 지니는 중요성과는 차이가 나타난다.

---

[1] A. Richardson, *An Introduction to the Theology of the New Testament* (London, 1961), 248.

[2] Kuitert, *Do You Understand What You Read?*, 40.

의도와 그 자체가 지닌 중요성 사이의 거리와 관련하여 모든 것을 다 이야기한 것은 아니다. 성경 저자들이 하나님의 계시를 (지금은 비록 그 타당성을 잃어버렸지만) 당시에 보편적인 타당성을 지녔다는 개념을 가지고 여러 측면에서 해석했다는 사실은 부인하기 어렵다. 이와 관련하여 적절한 예가 바로 갈릴레오(Galileo)이다.[3]

갈릴레오는 코페르니쿠스(Copernicus)를 따라 당시 사람들의 가정과는 반대로 지구가 태양 주위를 돈다는 입장을 옹호했다. 성경을 통해서 볼 때 성경 저자들의 시대에 태양이 지구를 돈다는 입장이 수용된 것은 분명하다(수 10:12-14 참조). 성경을 근거로 갈릴레오는 1616년에 칙령에 따라 정죄를 당했다. 이러한 정죄는 성경 저자들이 후대에 얻게 될 지식이 아니라 당시 사람들이 가졌던 지식에 따라 우주 안에서 지구 위치를 표현할 수밖에 없었다는 사실을 고려하지 않았다.

이와 관련하여 벌카워는 특정 시대에 성경 저자들이 지녔던 '지식 수준'에 대해 이야기 한다. 벌카워에 따르면 성경 저자들은 '시간을 초월하는' 진리를 글로 표현한 것이

---

[3] 예를 들면, G. C. Berkouwer, *De Heilige Schrift* (Kampen, 1967), 2:92, Kuitert, *Do You Understand What You Read?*, 37ff을 보라.

아니라 그들이 이해하던 특정 언어와 그들만의 문체를 사용하여 쓴 것이며 그들이 알던 것과 일치하는 개념을 가지고 썼다.[4] 사실 성경 저자들은 그들이 소유한 통찰에 따라 우주 안에서의 지구 위치 같은 문제들을 적을 수 밖에 없었다.

그러나 여기서 쟁점이 되는 문제는 바울과 신약성경 전체가 아담에 대해 이야기하는 방식을 특정한 '지식 수준'만을 표현하는 방식으로 봐야하는가에 있다.

성경 어디에서 (우주 안에서의) 지구 위치에 대해 이야기하는 것과 동일한 수준으로 아담에 관해 이야기 하는가?[5] 만일 그 말이 옳다면 성경 저자들의 의도는 아담에 대해 최초의 역사적 인물이자 인류의 조상으로 이야기일 수도 있다. 그러나 우리는 더 이상 그 의도에 묶이지 않을 것이다. 그것이 특정한 '지식 수준'에 해당되기 때문이다. 아담에 대한 관련 본문이 지닌 중요성은 원래 갖고 있던 의미와 분리될 수도 있을 것이다.

이 문제에 답하기 위해 아담이 논의되는 문맥을 신중히

---

4 Berkouwer, *De Heilige Schrift*, 2:93.

5 이 논점을 강조하는 것은 J. Lever, *Waar blijven we?* (Kampen-Wageningen, 1969), 19-24이다.

검토해야 한다. 결정적인 단서는 우리가 살펴 본 것처럼 아담이 그리스도와 독특한 방법으로 평행 관계에 놓여 있다는 사실이다. 이는 퀴테르트가 말한 것처럼 그리스도와 그의 사역이 아담에 뿌리를 두고 있다는 뜻이 아니다. 또한 아담이 의미와 목적이라는 면에서 그리스도와 그의 사역을 밝힐 뿐이라고 하는 것 역시 옳지 않다.[6]

리더보스의 견해에 따르면 우리는 아담이 그리스도의 모형(롬 5:14)이라는 사실은 구속사적 상관성이 아담과 그리스도 사이에 존재한다는 점을 확고히 했다. 아담과 그리스도와 관련하여 그것은 하나님이 선정하신 구조, 즉 '한 사람을 통해 모두'라는 구조의 문제이다. 아담과 관련하여 해석된 것은 그리스도에 대해서도 완벽하게 들어맞는다. 아담은 그리스도의 예시에 그치지 않는다. 그리스도는 아담의 성취이다.

그러므로 아담의 경우 바울의 당시 의도가 오늘날 우리에 대한 그 중요성과 분리된다면 그리스도에 관해서도 동일한 결과를 가져와야 한다.

아담과 그리스도의 구속사적 상관성은 "바울이 아담에

---

6 Kuitert, *Do You Understand What You Read?*, 40.

관해 이야기 한 것이 더 이상 우리에게 유효하지 않으면 그가 **동일한 문맥에서** 그리스도에 관해 이야기한 것이 왜 여전히 우리에게 유효한지 알 수 없게 된다"는 사실을 포함한다. 모형이 없다면 예표가 무슨 의미가 있는가? 성취할 것이 아무 것도 없다면 성취가 무슨 의미가 있는가?

바울이 아담과 그리스도 사이에서 발견한 구속사적 상관성은 "바울이 아담에 대해 이야기 할 때 그 의도가 존중되지 않는다면 그가 그리스도에 관해 이야기 할 때도 그 의도가 존중되어서는 안 된다"는 것을 의미한다. 이 둘은 구속사적 상관성 안에서 **서로** 연결되어 있다. 바울이 아담에 대해 이야기할 때 그의 의도를 더 이상 존중하지 않는 것은 필연적으로 바울이 그리스도와 그의 사역을 해석하는 틀의 붕괴를 가져온다.

많은 사람들이 아담 및 그리스도와 관련하여 바울이 기록한 말에 담긴 의도와 그 말이 지닌 (오늘날을 향한) 중요성을 급진적으로 분리시키는데 어려움을 느끼지 않는다. 이는 고린도전서 15장에 나오는 아담과 그리스도의 모형론과 관련하여 가장 날카롭게 부각된다. 여기서 '모든 사람'을 죽게 하는 아담은 '모든 사람'을 살게 하는 그리스도와 대조를 이룬다.

고린도전서 15장에 나타나는 바울의 의도는 연대를 산정할 수 있는 '시간'과 위치를 증명할 수 있는 '장소'에서 발생한 '사건'이라는 의미에서 그리스도의 부활을 역사적 사실로 이야기 하려는 것이 분명하다.[7] 바울은 자신의 사도직을 공식화하려는 의도의 일환으로 그리스도의 부활에 호소한다.

> 맨 나중에 만삭되지 못하여 난 자 같은 내게도 보이셨느니라 나는 사도 중에 가장 작은 자라 나는 하나님의 교회를 박해하였으므로 사도라 칭함 받기를 감당하지 못할 자니라(고전 15:8-9).

바울 및 다른 사도들의 사도직 공식화가 그 토대에 역사적 사실을 지니고 있지 않다면 그 토대는 사라지며 그 시도 또한 결함이 있게 된다.[8] 이 문제와 관련하여 한 가지 중

---

7 J. N. Sevenster, *Leven en dood in de brieven van Paulus* (Amsterdam, 1954), 103; D. P. Fuller, *Easter Faith and History* (Grand Rapids, 1965), 253ff; K. H. Rengstorf, *Die Auferstehung Jesus. Form, Art und Sinn der urchrislichen Osterbotschaft* (Witten/Ruhr, 1967), 105ff.

8 특히 U. Wilckens, "Der Ursprung der Uberlieferung der Erscheinuungen des Auferstandenen. Zur Traditionsgeschichtliche Analyse von I Kor 15, 1-11," *Dogma und Denkstrukturen*, ed. W. Joest and W. Pannenberg (Göttingen, 1963), 81 참조.

요한 것은 그리스도의 출현이 지닌 실재성 뿐만 아니라 부활의 실재성이다.[9]

그러나 막센(W. Marxsen)은 특별히 부활과 관련된 사도적 증언의 의도에 동의하지 않는다.[10] 막센에 따르면 그리스도가 무덤으로부터 일어났다고 확고히 믿는 사람들이 살던 시대에, 바울이 이 신념을 토대로 고린도전서 15장에서 그리스도의 부활에 대해 이야기했지만 우리는 더 이상 그러한 신념을 공유할 수 없으며 더 이상 그렇게 이야기하지 않아도 된다. 그 제자들은 실제로 그리스도의 죽음 이후에 일어난 무언가를 '보았고'(고전 15:5-8) 그 '본 것'을 근거로 부활이라는 결론을 내렸다.

따라서 부활은 실제 사건이 아니라 인간의 결론이었다. 이런 이유로 막센은 '해석물'(interpretament), 즉 해석상의 시도(attempt at interpretation))에 대해 이야기하며 다음과 같이 주장한다.

---

[9] Rengstorf, *Die Auferstehung Jesu*, 62 참조.

[10] W. Marxsen, "Die Auferstehung Jesus als historisches und als theologisches Problem," in *Die Bedeutung der Auferstehungsbotschaft für den Glauben an Jesus Christus* (Gütersloh, 1966), 9-39. W. Marxsen, *Die Auferstehung Jesus von Nazareth* (Gütersloh, 1968).

> 오늘날 예수님의 부활을 실제 사건으로 이야기하는 것은 더 이상 가능하지 않다. 그것은 당시에 '본'(seeing) 경험을 되돌아보던 이들이 사용한 해석상의 문제라고 말해야 한다.[11]

우리가 부활을 특정한 역사적 사건과 연결하고 싶다면 역사화가 수용되고 심지어 필요하던 이른 시기라 하더라도 금지된 역사화에 대해 잘못을 저지르게 될 것이다.

우리는 막센의 관점과 같은 입장을 거부하고자 한다. 그가 바울의 말이 갖는 의도된 의미를 그 중요성과 분리시킬 때 사도의 메시지는 그 핵심에서 영향을 받는다.[12] 바울의 의도에 따라 이해되는 그리스도의 부활을 떠나서는 모든 신앙이 헛되다. 결국 신자들은 여전히 죄 가운데 있고 그리스도 안에서 잠자는 자들은 망하고 만다(고전 15:17-18).

그러나 막센의 관점을 거부할 경우 고린도전서 15장에서 그리스도 부활이 특정한 틀 안에서 논의된다는 것을 인식해야 한다. 그 틀은 다름 아닌 아담과 그리스도 사이의 구속사적 상관성이다. 그리스도의 부활 안에서 역사적 실

---

11 Marxsen, *Auferstehungsbotschaft*, 23.
12 또한 Berkouwer, *H. Schrift*, 2:232 참조.

재가 된 것은 아담이 죄에 빠짐으로 역사적 실재가 된 것의 예표적 성취이다. 만일 그리스도의 부활을 바울의 의도에 따라 이야기 하고자 한다면 그 부활은 바울이 해석한 동일한 틀 안에 놓아야 한다. 그렇게 하지 않을 경우 캄푸이스(J. Kamphuis)의 다음과 같은 질문은 매우 적절하다.

> 그러나 이 논증에서 우리가 아담을 '교육 모델' 혹은 '교수 모델'로 사용했지만 아담의 역사적 존재에 대해 실제로 관심이 없던 랍비의 제자들 다루고 있는 것이 사실이라면 이 질문은 반드시 제기되어야 한다. "부활하신 그리스도가 이러한 교리적 논증 혹은 이러한 설교와 증언에 있어 '교수 모델' 이기도 한 것이 아닌가?"

여기에 캄푸이스는 두 번째 질문을 덧붙인다.

> 아담의 '교수 모델' 기능에만 관심을 두고 바울이 첫째 아담의 역사성을 믿었으나 그것이 우리와 아무런 상관이 없다고 가정해보자. 그렇다면 우리는 왜 마지막 아담에 대해서도 동일한 입장을 취해서는 안되는가?[13]

---

[13] J. Kamphuis, "Verstaat gij wat gij leest? IV," *De Reformatie* 44 (1969): 148.

아담이 논의되는 맥락에서 볼 때 바울의 '지식 수준'과 관련하여 아담의 역사적 존재에 관한 질문을 폐기할 수 없다는 점은 분명하다. 아담에 관한 논의는 우주 안에서의 지구 위치에 관한 논의와 동일하지 않다.

바울에게 역사적 존재는 분명 아담과 그리스도에 대한 동일한 구조의 문제이다. 그리스도와 아담에게 유효한 구조가 서로 다르고 아담과 그리스도 사이의 구속사적 상관성에 대해 우리가 더 이상 말할 수 없다면 그리스도와 그의 사역은 전혀 다른 관점 안에 있게 된다.

우리가 아담과 그리스도의 구속사적 상관성에 대해 지속적으로 이야기 하고, 아담이 인류의 대표적 조상으로 구속사 속에서 그리스도와 마찬가지로 독특한 위치를 차지하고 있다고 볼 경우에만 고린도전서 15:22은 제대로 설명될 수 있다.

> 아담 안에서 모든 사람이 죽은 것 같이 그리스도 안에서 모든 사람이 삶을 얻으리라(고전 15:22).

아담의 창조

Adam in the New Testament

제6장

결론

지금까지의 논의를 통해 역사적 인물 혹은 '교수 모델'인 아담에 관한 의문 안에 상당 부분이 위험에 처해 있다는 점을 분명히 했다. 따라서 퀴테르트가 다음과 같이 말하는 것은 사실이 아니다.

> 사람들을 그리스도인으로 만드는 것은 아담이나 성경에 관한 이론이 아니라 예수 그리스도의 메시지이다. 이 때문에 아담이 역사적 인물이 아니라 해도 믿음은 변하지 않는다. 예수님의 실재는 아담에 대해 성경이 말하는 것에 기초하지 않는다. 예수님의 실재는 독립적으로 성립된다.[1]

---

[1] Kuitert, *Do You Understand What You Read?*, 40.

'예수 그리스도의 메시지'가 사람들을 그리스도인으로 만드는 것은 당연한 사실이다. 그러나 퀴테르트가 여기에 '이 때문에'라는 말을 덧붙일 때 어려움이 야기된다.

정말로 '예수 그리스도의 메시지'가 그리스도인을 만들기 때문에 아담이 역사적 인물로 간주되지 않아도 믿음은 변하지 않는가? 바커(J. T. Bakker)는 이러한 결론이 "증명되기 어렵다"고 잘 말해주고 있으며 이에 덧붙이는 그의 말 역시 옳다.

> 여전히 아담의 필요성을 주장하는 이들이 많다는 것은 그들이 가진 근본주의적 태도나 과거에 대한 해석으로 설명되지 않는다. 그것은 창조와 타락이 '잇따라'(one after the other) 일어난 것이 창조와 죄가 '함께 나란히'(next to each other) 있는 것 그 이상이라는 사실로 설명된다.[2]

아담이 역사적 인물이라는 것을 거부하고 단지 '교수 모델'로 이야기해야 한다면 이는 사실 죄에 대한 특별한 관점

---

[2] J. T. Bakker, "Verstaat gij wat gij leest," *Gereformeerd Weekblad* 24 (1969): 251.

을 동반한다. 아담이 일반 사람이고 따라서 아담의 죄 역시 일반 사람의 죄이기 때문에 그가 그저 **모든** 이들의 성격이 무엇인지를 알려주는 자에 불과하다면 혹은 아담이 더 이상 세상에 죄를 가져 온 한 사람으로 간주되지 않는다면 어떤 면에서 죄가 사람 자체에 속한다는 점은 명백하다. 따라서 죄는 창조와 '함께'(next to) 주어졌다. 결과적으로 로마서 5:12에서 바울은 어떻게 죄가 창조에 침입했는지 말하지 않는다.

> 그러므로 한 사람으로 말미암아 죄가 세상에 들어오고 죄로 말미암아 사망이 들어왔나니 이와 같이 모든 사람이 죄를 지었으므로 사망이 모든 사람에게 이르렀느니라 (롬 5:12).

바울은 죄가 존재하며 죄는 언제나 인간의 문제라고 말한다. 그러나 바커의 말처럼 바울이 로마서 5장에서 (선한 창조는 하나님으로부터 오지만 죄는 우리의 문제라는 시간을 초월하는 진리를 표현하는) 역사적 틀 안에서 자신의 의견을 피력하는지 아니면 죄가 어떻게 하나님의 선한 창조에 침입했는지에 대해 말하고자 하는지 사이에는 엄청난 차이가 있다.[3] '교수 모델'이라는 개념으로는 후자를 제대로 설명할 수 없다. 아담이 단지 '교수 모델'이라면 죄가 내재하는 인간에 대한 예시일 뿐이다. '교수 모델' 개념은 창조와 타락이 '잇따라' 일어났다는 것을 제거하고 창조와 죄가 '함께 나란히' 있다는 것만 수용한다. 그렇게 되면 본질적으로 어느 누구도 죄책에 대해 이야기할 수 없게 된다. 이는 『새교리문답』(The New Catechism)에서 분명하게 나타난다. 우리는 이 "성인을 위한 신앙선언"의 저자들이 역사적 아담에 대해 아무 것도 알고 싶어하지 않는다는 것을 살펴보았다.

로마서 5장에 나오는 '한'(one) 이라는 단어의 반영은 단지 문학적 형태에 불과하며 여기에는 '최초의 죄'에 대해 특별한 중요성을 부여할 필요가 없다는 확신이 담겨 있다. 아담에 대한 이와 같은 관점은 직접적으로 교리문답의 죄 관점에 영향을 주었다. 그리고 역사적 인물인 아담의 존재가 거부되는 맥락안에서 "본질상 모든 죄가 전적으로 회피될 수 있다"고 말해선 안 된다는 내용을 읽게 된다.

이보다 분명한 것은 뒤이어 나오는 진술이다.

---

3 J. T. Bakker, "Verstaat gij wat gij leest," *Gereformeerd Weekblad*.

6. 결론

악이 발생하는 것은 실질적으로 피할 수 없을 것이다.[4]

악이 그렇게 '실질적으로 피할 수 없게 된' 문제가 된 곳에서 죄는 책임이라는 성질을 잃게 된다. 우리는 『새교리문답』의 색인 어디에도 '죄책'이라는 단어를 위한 분리된 목록이 없다는 점을 유의할 필요가 있다. 599쪽에 있는 색인에 '죄책'이라는 단어 뒤에 나오는 것은 표제어 '죄를 보라'이다.

『새교리문답』이 세상에 죄를 처음 들어오게 한 첫 사람에 대해 언급하지 않기 때문에 그 공간은 전체적으로 진화과정 안에서의 죄에 할애되어 있다.

> 죄의 기원은 인간의 자유와 어떤 관계가 있다. 그리고 인류 안에서 자유가 자라며 이와 더불어 죄도 자란다. 죄는 '세상에서 자라는 과정에서' 양심이 우리에게 보여주는 것에 대한 성장의 거부에 있다.[5]

---

4 W. H. Velema, "God en mens," *Interview met de nieuwe katechismus* (Amsterdam, 1967), 13.

5 W. H. Velema, "God en mens," *Interview met de nieuwe katechismus*, 310-311.

벨래마(W. H. Velema)가 말하듯 죄는 이런 방식으로 진화 과정에서 거의 피할 수 없는 '성장의 방해물'이 된다.[6]

이와 유사한 생각이 레베르(J. Lever)가 쓴 소책자 『우리는 어디에 머무는가?』(*Waar blijven we?*)에서 발견된다. 그 역시 아담을 최초의 역사적 인물로 인식하지 않는다. 진화 과정에서 하나님은 사람이 최고의 생물로부터 유래하도록 만드셨다.[7]

레베르가 아담 안에서 죄는 "첫 사람과 더불어 시작한 모든 사람들의 가장 심오한 문제들에 관한 것"이라고 말할 때 아담은 '교수 모델'로 그려진다. 레베르가 볼 때도 이는 창조와 죄가 '함께 나란히' 있다는 개념으로 연결된다. 그는 이렇게 말한다.

> 첫 사람이 선과 악 사이에서 언제나 하나님에 대항했기 때문에 악이 늘 그의 삶에 영향을 주었다. 전 역사에 걸쳐 사람은 악한 선택을 해왔다.[8]

---

[6] W. H. Velema, "God en mens," *Interview met de nieuwe katechismus*, 13.
[7] Lever, *Waar blijven we?*, 44.
[8] Lever, *Waar blijven we?*, 28.

악이 인간의 존재와 밀접하게 관련되어 있다면 죄의 특성을 죄책으로 고수하기는 어려워진다. 이는 레베르가 다음과 같이 역설함에 따라 확실히 언급된다.

> 아마도 우리 종(species)은 언제나 무기 사용을 특징으로 한다. 우리 몸은 매우 연약하며 발톱이나 송곳니 같은 방어 수단이 없고 원래부터 육식을 해서 곤봉, 뼈, 돌 같은 물건을 자기 것을 보유할 수 있다. 우리 종 끼리 싸울 때 매우 격렬한 구타가 성급하게 일어난다.[9]

이러한 사실을 통해 내릴 수 있는 결론은 사람은 (사람의 몸이 연약하다는 점을 고려할 때) 늘 현재까지 해왔던 그대로 행할 수밖에 없다는 것이다.

아담을 역사적 인물로 보는 대신 '교수 모델'로 주장하게 될 때 기독교 신앙이 방해받는 것은 분명하다. '교수 모델'이 역사적 인물의 자리를 대신하게 되면 창조와 죄가 '함께 나란히' 있는 것이 창조와 타락이 '잇따라' 일어난 것을 대체하게 된다. 그리고 이에 따라 죄의 특성에 대한 관점

---

[9] Lever, *Waar blijven we?*, 61.

이 바뀌게 된다. 또한 아담을 역사적 인물로 보는 관점과 대립되는 '교수 모델'을 언급하는 것은 **구속**에 대한 **특별한 관점**을 동반한다. 이미 살펴 본 것처럼 바울은 로마서 5:12-21에서 순종 행위인 그리스도의 구속 사역을 불순종 행위인 아담의 죄와 대조시킨다.

로마서 5장에서는 죄의 책임적 성격을 분명하게 지시하는 아담의 죄를 설명하는 데 모든 종류의 어휘가 사용된다. 아담의 죄는 '위반'과 '불순종'이었다. 그리스도의 구속 사역은 아담의 죄와 대조되므로 속죄의 성격을 띤다.

만일 아담을 더 이상 역사적 인물로 보지 않고 아담 안에서 모든 사람 안에 내재된 것이 드러난다고 본다면 앞에서 본 것처럼 죄책에 대한 의미를 적절히 설명할 수 없게 된다. 또한 그렇게 되면 구속의 성격 역시 자연스럽게 바뀌게 된다. 이는 『새교리문답』에서도 분명하게 드러난다. 여기서 구속은 '과정'과 동일하다.[10] 그리스도의 구속 사역에 담긴 속죄적 성격은 급격히 배후로 물러난다. 그래서 『새교리문답』에서는 "예수님의 피가 하나님께 드리는 선물이라기보다 하나님으로부터의 선물이다. 예수님은 자

---

10 *De nieuwe katechismus*, 328.

신의 피를 (형벌을 요구하시는) 아버지께 드리는 것이 아니라 우리에게 주신다"라고 기록한다.[11] 여기서 "~라기 보다 ~인"(not so much…but)이라는 표현 때문에 성경에는 나오지 않는 대조 관계가 만들어진다.[12]

이러한 대조 관계는 죄의 성격에 대한 관점과 밀접한 관련이 있다. 그리고 아담을 지칭하는 성경 본문을 평가하는 방법은 그 관점과 결코 무관하지 않다. 앞서 이야기 한 것과 직결된 것은 아담을 역사적 인물이 아닌 '교수 모델'로 말하는 것이 **구속자에 대한 특별한 관점**을 포함한다는 사실이다.

불트만이 바르트를 향해 울렸던 경종을 떠올려 볼 때 아담이라는 인물이 하나의 관념이라면 그리스도 역시 관념이라는 위협을 받게 된다. 아담의 중요성이 전적으로 그가 하나님 앞에 범죄하고 불순종한 인간의 형상이라는 사실에 있다고 한다면, 한 걸음 더 나아가서 그리스도의 중요성은 전적으로 그가 하나님의 의도대로 사람의 형상이며 언젠간 그렇게 될 것이라는 사실에 있다고 충분히 말할 수 있다. 우리가 이러한 생각을 『새교리문답』에서 만나는 것

---

11 *De nieuwe katechismus*, 331.
12 막 10:45, 고전 6:20, 히 9:22 참조.

은 더 이상 놀랄 일이 아니다. 『새교리문답』에서 그리스도의 중요성은 다음과 같은 말로 진술된다.

> 이 세상에는 선한 사람이 있다(is).[13]

따라서 교회 역사도 '그리스도 이후의 일반적 인간화'로 특징지어 진다.[14] 그리스도의 구속자적 중요성은 특히 그분의 인성에 있다. 그분의 인성이 진보를 보장하고 진화의 과정을 완성하기 때문이다.

이에 상응하는 생각을 헨드리쿠스 벌코프(Hendrikus Berkhof)에게서도 보게 된다. 벌코프에 따르면 인류를 '아담의 자손이 궁극적으로 도달하게 될 보다 높은 수준'으로 끌어 올린 자는 그리스도이시다. 그의 이러한 생각은 다음과 같은 점을 강요한다.

> 이런 관점은 진화에 대한 현대적 통찰력에서 유비를 발견한다. 종(species) 안에는 보다 고등한 형태의 존재로 변화하는 개인이 계속해서 존재한다. 이로 인해 삶

---

[13] *De nieuwe katechismus*, 332.
[14] *De nieuwe katechismus*, 273.

이 새 가능성을 향해 열려 있다. 예수 그리스도는 진화가 궁극에 달하게 하고 하나님의 창조변화가 그 종착점에 이르게 하는 변화를 위한 이름인가?

여기서 언급해야 할 사실은 벌코프가 이러한 일련의 생각을 '서둘러서' 끊어 버린다는 사실이다. 그것이 자신을 '기독교적 형이상학의 끝에 이르게 하고 이를 넘어서게' 한다는 사실을 인식하기 때문이다.[15]

진화론적 관점이 아담을 역사적 인물로 볼 여지를 남기지 않고 오직 '교수 모델'로만 인식하게 한다면 그리스도에 대한 관점에 대해서 직접적인 결과를 낳게 된다. 우리가 볼 때 이는 특히 『새교리문답』에서 분명히 드러난다. 구속자 그리스도 역시 진화론적 틀 전체에서 이해된다. 그리스도의 인성만이 강조되고 그리스도가 사람일 뿐 아니라 독특한 의미에서 하나님의 아들이라는 성경의 메시지는 배후로 사라지고 만다.

따라서 성경이 아담에 대해 어떻게 이야기 하는지의 문제에 집중하는 것은 결코 사소한 문제가 아니다. 아담은

15　H. Berkhof, *De mens onderweg* ('s-Gravenhage, 1960), 95-96.

최초의 역사적 인물이자 인류의 조상으로 신약성경에서 그저 지나가는 말로 언급된 것이 아니다. 아담과 그리스도의 구속사적 상관성은 특히 바울이 볼 때 그리스도의 구속 사역이 자리하고 있는 틀을 결정한다. 그 구속 사역을 그것이 서있는 틀과 분리시키면 그 사역은 더 이상 성경의 의미대로 고백될 수 없다. 누구든 구속 사역을 그 틀로부터 분리시킨다면 그 말씀이 **모든** 것을 결정하는 규범으로서의 기능을 수행하지 못하게 만든다.

신학이 이러한 유혹보다 더 심각하게 노출되어 있는 유혹은 최근 몇 세기 동안 없었다. 신학이 이러한 위험보다 더 두려워해야 할 위험은 없다.

아담의 창조
Adam in the New Testament
　　Mere Teaching Model or First Historical Man?

2014년 1월 27일 초판 발행
지은이 | J. P. 베르스티그
영역 | 리차드 개핀
옮김 | 우성훈

편　집 | 박상민, 이학영
디자인 | 김복심, 전혜영
펴낸곳 | 개혁주의신학사
등　록 | 제21-173호(1990. 7. 2)
주　소 | 서울시 서초구 방배로 68
전　화 | 02) 588-8546(본사)　031) 942-8761(영업부)
팩　스 | 02) 523-0131(본사)　031) 942-8763(영업부)
홈페이지 | www.clcbook.com
이메일 | prpkor@gmail.com
온라인 | 기업은행 073-073466-01-010
　　　　예금주: 개혁주의신학사

ISBN 978-89-7138-038-3(93230)

낙장·파본은 교환해 드립니다.

이 도서의 국립중앙도서관 출판시 도서목록(CIP)은
서지정보유통지원시스템 홈페이지(http://seoji.nl.go.kr)와
국가자료공동목록시스(http://www.nl.go.kr/kolisnet)에서
이용하실 수 있습니다.
(CIP제어번호: CIP2013028946)